KB159115

생각을 압축한
딱 한 줄

생각을 압축한 딱 한 줄

초판 1쇄 인쇄 2018년 9월 19일
초판 1쇄 발행 2018년 9월 28일

지은이 김건호

펴낸이 김찬희
펴낸곳 끌리는책

출판등록 신고번호 제25100 -2011-000073호
주소 서울시 구로구 디지털로31길 20 1005호
전화 영업부 (02)335-6936 편집부 (02)2060-5821
팩스 (02)335-0550

이메일 happybookpub@gmail.com
페이스북 www.facebook.com/happybookpub
블로그 blog.naver.com/happybookpub

ISBN 979-11-87059-43-1 03190
값 15,000원

• 잘못된 책은 구입하신 서점에서 교환해드립니다.
• 이 책 내용의 일부 또는 전부를 재사용하려면 반드시 사전에 저작권자와 출판권자에게 서면에 의한 동의를
  얻어야 합니다.
• 이 도서의 국립중앙도서관 출판예정도서목록(CIP)은 서지정보유통지원시스템 홈페이지(http://seoji.nl.go.kr)와
  국가자료공동목록시스템(http://www.nl.go.kr/kolisnet)에서 이용하실 수 있습니다.(CIP제어번호: CIP2018028479)

**시선강탈
취향저격
구매유발
글쓰기**

김건호 지음

생각을 압축한
딱 한 줄

끌리는책

생각을 압축한 한 줄의 힘

한 줄은 힘이 셉니다. 정보의 쓰나미가 커질수록 한 줄의 힘은 세집니다. 구구절절 잔소리보다 짱돌처럼 응축된 한 줄에 사람들의 시선이 꽂힙니다. 마음을 열고 지갑을 엽니다. 이해하고 공감합니다. 행동하고 참여합니다.

손바닥만 한 스마트폰 액정 속에서 또 하나의 삶을 살고 있는 신인류를 지켜보세요. 포털사이트를 열면 한 줄의 뉴스 제목들이 사용자들의 선택을 기다립니다. 온라인 쇼핑몰이나 소셜커머스에서 상품을 팔기 위한 결정적인 마케팅 문구는 한 줄입니다. 누군가와 주고받는 카톡도, 문자도, 인스타그램에 다는 해시태그도 다 짧은 한 줄입니다.

미디어의 급격한 변화, 어르신이라고 예외일까요? 손주 사진이라도 보거나 동년배끼리 소통하려면 스마트 문화에 어떻게든 적응할 수밖에 없습니다. 젊은 사람에 비해 한 글자 한 글자 입력하는 게 '일'이 되는 데다 노안까지 가세하니 짧은 한 줄이 더 필요하고 소중해집니다.

이뿐인가요? 책 제목, 브랜드 네임, 마케팅·광고 헤드라인이나 슬로건, TV 프로그램 제목, 보고서의 콘셉트, 각종 행사 제목, 음식점 메뉴 등에 이르기까지 애초부터 한 줄의 숙명을 지닌 것은 많습니다.

활자화된 것만 한 줄로 국한할 필요는 없습니다. 입으로 이야기하면 한 마디가 되고, 이를 다시 활자화하면 한 줄이 됩니다. 그 반대의 과정도 마찬가지죠. 결국 한 줄이 한 마디이고 한 마디가 한 줄입니다. 명쾌한 연설이나 강의 곳곳의 핵심적인 한 마디, 회의에서의 한 마디는 물론 대화 가운데 이해와 감동, 영감까지 주는 한 마디 등……. 한 줄은 단순히 글쓰기를 넘어, 화술과 의사전달까지 아우르는 커뮤니케이션의 영역으로 확장됩니다.

머릿속의 한 줄은 어떨까요? 꼬였던 생각의 실타래를 정리해주는 마법사, 풀리지 않는 문제의 돌파구, 창의적인 발상의 실마리가 될 수도 있습니다. 머릿속에 맴맴 도는 생각의 꾸러미들을 한 줄로 명쾌하게 꿸 수 있다면 그다음은 일사천리 아니겠습니까.

물론 짧은 게 전부는 아닙니다. 짧을수록 힘이 생기는 건 맞지만 그것만으로는 어림없습니다. 짧은 것은 하나의 요건일 뿐이죠. 짧은 한 줄끼리도 치열하게 경쟁합니다. 짧게 만드는 것보다 어려운 것은 얼마나 눈에 띄게, 사람의 마음을 움직일 수 있게 만드느냐입니다.

좋은 한 줄을 보고 그냥 "멋있네" 하고 지나치지 않고 "어떻게 저런 생각을 할 수 있지? 나도 저런 발상을 하고 싶다"라고 생각했다면 이 책이 큰 힘이 될 것입니다. 아마도 당신은 한 줄로 누군가의 마음을 움직여야 할 과제를 가진 분일 테니까요.

이 책은 짧은 한 줄에 힘을 싣기 위한 다양한 원칙, 세상의 모든 힘 있는 한 줄들에 공통적으로 적용되는 원칙을 사례와 함께 소개했습니다. 더불어 민간 광고회사 10년, 공공 홍보 10년에 이르는 경험을 살려 그동안 만든 한 줄과 제작 과정을 진솔하고 흥미진진하게 펼쳐보았습니다. 아무리 좋은 사례와 원칙이라도 실습이 빠지면 무의미해집니다. 이 책에 실린 다양한 실습 예제는 독자의 실질적인 한 줄 만들기 능력 향상에 큰 도움이 될 것입니다. 지식과 경험을 공유하는 책을 넘어 독자와 함께 가는 책이 되겠습니다.

이 책은 처음부터 독창적인 한 줄을 만들 수 있는 기술을 소개하지 않습니다. 기존의 좋은 한 줄들을 머릿속에 카피해보고, 응용해서 바꿔 써보며, 그 원리를 이해하는 과정이 먼저이기 때문입니다. 당신이 좋은 한 줄을 써내야 하는 실무자가 아니어도 괜찮습니다. 짧은 한 줄 안에 담긴 큰 세상을 들여다보고, 가치 있는 한 줄을 알아보는 눈만 갖춰도 족합니다. 부디 이 책과 함께 한 줄의 내공을 꼭 쌓을 수 있기를 바랍니다.

2018년 가을
김건호

차례

3 | 시선을 멈추고 마음을 흔드는 한 줄 쓰기

4 한 줄 쓰기를 위한
생각 압축의 기술

더 짧고 강력한
한 줄이 필요한 시대

모바일 시대엔 보고 싶은 것, 봐야 할 것이 참 많습니다. 아니다 싶은 건 바로 시선을 돌립니다.
더 이상 길고 늘어지는 글은 안 통합니다. 포털사이트 뉴스를 짧게 간추려주는 '요약봇'의 등장,
긴 글의 마지막에 '세 줄 요약'으로 핵심을 전달하는 네티켓, 페이스북 게시물의 '더 보기' 버튼을
잘 누르지 않는 경향 등 모바일이 발달할수록 더 짧고, 강력한 한 줄이 필요합니다.

엄지의
권력

　사람들이 스마트폰을 만지는 걸 보면, 엄지 지문이 남아나지 않겠다
는 생각이 듭니다. 엄지 근육이 울퉁불퉁해지거나 엄지가 커지는 상상
도 해봅니다. 화면을 터치하고 올리고 내리고 드래그하는 일련의 과정
이 대부분 엄지의 독과점이니까요. 모바일 시대엔 엄지가 권력입니다.
페이스북의 '좋아요' 아이콘도 엄지죠. 포털사이트 뉴스 댓글은 엄지가
세워진 아이콘이 찬성 표시, 뒤집어진 아이콘이 반대 표시인 경우가 많
습니다. 콘텐츠를 계속 볼지 말지는 물론, 평가까지 엄지가 결정합니다.

　모바일로 콘텐츠를 볼 경우 0.25초 안에 눈길을 사로잡지 못하면 바
로 다른 콘텐츠로 향한다고 합니다. 콘텐츠를 보더라도 각 콘텐츠당
소비하는 시간은 평균 1.7초에 불과하다고 하죠. 이런 상황에서 긴 글을
주저리주저리 쓰는 것은 더더욱 엄지의 준엄한 심판을 면하기 어렵습니
다. 한 줄의 힘이 모바일 시대에서 중요한 것은 말할 것도 없습니다. 페
이스북을 봐도 그렇습니다. 엄지는 '더 보기'를 누르는 것을 귀찮아합니

다. 이거 아니라도 볼 콘텐츠들이 널렸는데 '더 보기'라니요. '더 보기' 없이 짧은 글로 단박에 해결해야 합니다. 문장이 죽 이어지다가 '더 보기'로 마무리되면서 어색하게 끊긴다면 그야말로 최악입니다.

다만 어쩔 수 없이 '더 보기'가 필요한 경우가 있습니다. 줄이고 줄였는데도 더 이상은 어렵거나 반드시 들어가야 할 문장이 추가될 때가 있는데요. 이 경우에도 어느 정도 앞에서 말하고자 하는 바를 해결해놓고, 더 궁금하다면 '더 보기' 버튼을 누르도록 유도해야 합니다. 앞에서 어느 정도 결론이 나와야 한다는 뜻입니다. 예를 들어 삼성생명 페이스북 연금 관련 게시물의 경우 '65세부터 평생 ○○만 원씩 받으려면 한 달에 얼마씩 준비하면 될까?'에서 끝나고 더 자세한 내용은 '더 보기'로 처리했습니다. 법적으로 꼭 삽입해야 하는 계약 유의사항, 자세한 설계 내용 등을 담으려면 '더 보기'에 공을 넘겨야겠죠. 각 SNS의 특성이나 방침에 따라 몇 줄이 최적인지 또한 조금씩 달라진다는 점을 유의해주세요.

개인의 일상을 다룬 SNS라면 이야기가 달라집니다. 광고나 마케팅, PR의 접근이 아닌 개인의 사건, 소회, 의견 등은 좀 길더라도 나와 '사회적 관계'를 맺고 있는 친구들이 '더 보기'를 흔쾌히 누르게 됩니다. 그러나 별 관심이 없는 친구라면 클릭하는 수고 대신 대충 보고 넘어갈 가능성이 크겠죠. 엄지는 냉정합니다. 엄지의 선택을 받는 한 줄이 모바일 시대의 진정한 한 줄입니다.

중심을 잡으면
내가 유행이 된다

시간이 좀 지났지만 제가 만난 한 줄 중에 강력하게 와닿았던 건 스브스뉴스의 한 줄입니다. SBS가 내놓은 자식들. 유행어나 신조어와는 거리가 멀죠. 오히려 '내놓은 자식들'이라는 표현만 놓고 보면 부모님 세대에서 자주 썼던 흔한 표현입니다. 만약 '사람'을 대상으로 하는 한 줄이라면 식상했겠죠. 하지만 뉴스매체에 붙이니 완전히 새로워 보입니다. 유행어, 신조어를 굳이 안 써도 젊어 보이고요.

스브스뉴스의 콘텐츠도 눈여겨보세요. 유행어나 신조어가 없는 건 아니지만, 그저 맛보기일 뿐입니다. 스브스뉴스 고유의 목소리를 잃지 않고 있습니다. 그것이 한 줄의 힘, 'SBS가 내놓은 자식들'의 힘이라고 생각합니다. 스브스뉴스를 대표하는 한 줄만이 아니라 내재된 콘셉트이기도 하고, 그들의 비전이기도 하며, 흔들릴 때마다 잡아주는 브레이크가 되기도 합니다. "우린 내놓은 자식들이다." "SBS스러우면 죽음이다. 무조건 재밌어야 한다." "내놓은 자식이니 아무도 도와주지 않는다. 스스로 생존해야 한다." "우리가 잘나가면 SBS도 우릴 기특하게 볼 것이다. 가수가 되는 걸 반대했던 부모님이 오디션에 나가서 입상이라도 하면 대견하게 생각하듯이." 내부 구성원들에게 이런 생각을 끊임없이 하게 합니다. 겨우 열 글자에 불과한 한 줄로 말입니다.

윗선의 요청(?)으로 SBS가 자신 있게 내놓은 자식들로 완화되긴 했지만 여전히 스브스인의 가슴속엔 원안인 'SBS가 내놓은 자식들'이 살아 있을 것입니다. 앞으로도 그러길 바라고요. SBS가 자신 있게 내놓는다면, 이건 되겠다며 자신 있게 밀어준다면 한번쯤 의심해야 합니다. "그렇게 해서 되겠어? 정 해보고 싶으면 해봐." 마지못해 허락했던 일들이 여태 성공해왔으니까요. SBS가 잘못이라는 말이 아닙니다. 기성세대는 SBS의 전통방식으로 상대하고, 젊은 층은 스브스로 상대하면 됩니다. 스브스는 실제로 유행을 선도하기도 했습니다. 스브스뉴스를 처음 기획한 기자가 카드뉴스를 최초로 만들었고, 다른 언론사에도 유행처럼 퍼졌다고 하니까요.

공공기관 SNS 대장 셋을 꼽는다면 고양시, 부산경찰청 그리고 2016년 급부상한 충주시가 있습니다. 남들은 다 세련된 디자인으로 콘텐츠를 만들려고 노력할 때 충주시는 파워포인트와 그림판으로 만든 콘텐츠를 선보였습니다. 아예 격이 없습니다. 격 자체를 내다버렸습니다. 게다가 정제된 관공서 언어가 아니라 거침없고 직설적이면서도 젊은 층에게 확 와닿는 한 줄을 내놓았죠. 몇 가지만 예를 들면 다음과 같습니다.

옥수수, 털어도 돼요? 옥수수 털지 말고 잡수세요_충주시 옥수수 이벤트
죽어도 산척, 산척면 고구마 스웩_충주시 산척 고구마 이벤트
인간적으로 옥수동 사는 사람들은 하나씩은 먹어봐야 되는 거 아니냐?_살미 옥수수

'꿀팁'이나 '갓○○' 같은 유행어를 남발하지 않습니다. 잘 보면 고유의 톤이 있습니다. 직설적이고 과감하죠. '~할 고양' 같은 마무리로 귀여움을 유발하는 고양시, 예의 바르면서도 은근히 웃기는 부산경찰청과는 또 다른 톤입니다.

이런 걸 서울시가 따라 하면 어떨까요? 엄청난 후폭풍에 시달리지 않을까요? 충주에서 된다고 서울에서 되는 게 아닙니다. 서울은 대한민국의 수도이면서 청와대, 국회, 정부부처가 있는 곳입니다. 인구도 많고 갈등도 많습니다. 같은 콘텐츠라도 어느 도시에서 만들었느냐에 따라 대하는 시선이 달라집니다. 충주는 충주대로, 서울은 서울대로, 고양은 고양대로 자기만의 색깔을 살리는 것이 중요합니다.

휩쓸리지 말고
뚜벅뚜벅

요즘 모바일, 디지털, SNS 등으로 대세가 바뀌고 그 안에서도 하루가 다르게 변화하는 건 맞지만, 그렇다고 중심 없이 여기저기 휩쓸리는 건 좋지 않습니다. 영상이 유행한다고 영상, 병맛 코드가 유행한다고 병맛 코드, 어디 어디 SNS 홍보, 어느 어느 SNS 마케팅이 잘되었으니 우리도 따라 하고, 젊은 층에게 외면받을까 봐 유행어와 신조어로 도배하면서 자기 색깔은 전혀 없고 가볍기만 하면 안 되겠지요.

특히 유행어, 신조어 반영은 거의 모든 SNS 홍보에서 볼 수 있는 사례입니다. 이런 것들이 대표적인 휩쓸림의 예라고 생각합니다. 음식을 예로 든다면, 양념이 적당히 들어가야지 너무 과하면 정체불명의 맛이 되는 것과 같은 이치입니다.

유행어는 말 그대로 유행이 지나면 끝입니다. 얼마 전까지 유행했던 '의~리!', '왜 안 왔어?' 이런 한 줄들은 세월 따라 이미 지나가버렸죠. 그때만 쓰면 끝이에요. 물론 잘 쓰면 좋죠. 남발하지 말자는 겁니다. '의리'는 비락식혜가 제대로 써먹었습니다. 그걸로 끝난 겁니다. 그런데 어느 건강식품은 한물간 '의리'를 외치고 있습니다. 비락식혜에 썼던 모델을 기용했으니 '의리' 캐릭터를 버리기 힘들었을 거라는 점은 이해합니다.

유행어나 신조어를 자주 쓰는 이유도 '나는 혹은 우리 조직은 젊다, 시대에 뒤처지지 않았다'는 것을 보여주고 싶은 몸부림이라고 생각합니다. 애잔하죠. 어설프게 흉내 내다간 가면을 쓴 티가 납니다. 진정성 있는 맨 얼굴을 보여주세요.

오래 쓸 콘텐츠라면 더더욱 유행어를 반영하면 안 됩니다. 얼마전 유행했던 '그뤠잇~!'도 쏙 들어가버렸습니다. 특정 연예인이 퍼뜨리거나 방송에서 시작된 유행어가 이렇다면, 불특정 네티즌들로부터 시작된 '이거 실화냐?', '오지다', '꿀팁', '갓○○', '○○각', '동의?어~보감' 등도 마찬가지입니다. 유행어는 요리에 쓰는 후추 정도로 생각하고 살짝 끼워주는 게 좋습니다. 흔들림 없이 중심을 잡아주는 심지로 '한 줄'을 먼저 잘 잡으면 이런 문제들이 자연스레 해결됩니다. 반짝 뜨기 위한 한 줄이 아니라 굳건한 힘이 되어주는 스테디셀러 같은 한 줄 말입니다.

유행어와는 직접 관계없는 이야기지만, 사람은 자극에 금방 익숙해집니다. 새로운 방식의 웹드라마나 바이럴 영상이 유행하면 고민도 없이 그대로 차용하는 경우가 많습니다. 잘 따라 해봐도 사람들은 더 이상 자극받지 않는다는 게 문제입니다. 새로운 각의 자극은 없을까 고민하며 지속적으로 다른 틈새를 파고드는 노력을 해야 합니다. 새로운 자극을 찾는 것이 공급자의 과제가 되고, 이럴수록 자극의 강도가 더 강해지면서 네티즌은 피로감을 호소할 수 있습니다. 오죽하면 저자극·무자극을 표방하는 '무자극 콘텐츠 연구소' 같은 곳이 SNS에서 주목받겠습니까? 이 또한 시간이 흐르면 시들해질 수 있습니다. 다시 새로운 자극을 선호할 수도 있습니다. 네티즌의 마음은 알 수 없습니다. 그렇기 때문에 끊임없이 함께 호흡하며 시대의 흐름을 제대로 읽어내려고 노력해야 합니다.

영상이
대세라고?

얼마 전 SNS 관련 마케팅·커뮤니케이션 강의를 들은 적이 있습니다. 강사분이 이제는 영상이 대세이니 모든 콘텐츠를 텍스트 대신 영상으로 만들어 올려야 한다고 말씀하시더군요. 아무리 소소한 것도 관리자가 영상으로 직접 찍어 올리고 이런 것들이 누적되면 관심 있게 보고 반응할 것이라고 말입니다.

제가 다시 이야기하겠지만 모든 건 상황에 따라 다르다는 걸 잊지 말아야 합니다. 한 줄로 말하자면 '그때그때 다릅니다!' 텍스트가 유리한 콘텐츠는 텍스트로 올리고, 영상이 유리한 콘텐츠는 영상으로 올려야 합니다.

민간이냐 공공이냐에 따라서도 달라집니다. 예를 들어 민간에선 노트북이나 스마트폰이 새로 나오면 관심이 쏠리지만, 공공기관에선 정책을 만들어도 관심이 없지요. 정책 자체가 딱딱하고, 나와 직접적인 관계가 없다고 여기기 때문입니다. 관심이 있어야 영상으로라도 볼 것 아니겠습니까? 영상의 한계는 '끝까지' 봐야 한다는 것이고 어설프게 만들면 안 만든 것보다 못합니다. 공공기관에서 영상을 만들려면 흡인력이 아주 강해야 합니다. 단순히 정책을 나열하는 방식으로 소개하는 영상은 많이 만들수록 공해입니다.

쉬운 예를 들어 동주민센터에서 예비군 응소 안내를 할 경우엔 텍스트가 훨씬 좋습니다. "몇 월 며칠 몇 시부터 몇 시까지 어디에 어떠어떠한 준비물을 지참하고 모이세요." 이걸 굳이 영상으로 보여줄 필요가 없죠. 시간 낭비에 보는 사람도 짜증납니다. 일목요연하게 텍스트로 보여주면 나중에 다시 보기도 쉽고 뒷말이 없습니다. 다만 예비군에 대한 부정적 이미지를 씻거나 응소 비율을 높이기 위한 목적이라면 홍보영상이 더 좋습니다.

또 하나, 영상에 BGM과 멘트, 내레이션까지 담는 경우가 많으니 영상만으로 다 된다, 텍스트는 필요 없다고 생각하기 쉽습니다. 모바일의 특성은 환경에 맞춰 시시각각 변합니다. 잠시도 손에서 놓지 않는 모바일이기에 도서관 같은 공공장소에서도 봐야 하는데 이러한 점을 배려하여 요즘 SNS는 대부분 무음으로 영상이 플레이되지요. 갑자기 소리가 들리면 다들 쳐다볼 테니까요. 터치해야 소리가 들립니다. 이렇게 되면 자막이 중요해집니다. 자막 없이도 충분히 이해되거나 애초에 자막이 불필요한 영상이라면 관계없지만 그럴 수 없거나 적절한 장치가 필요할 경우 결국 텍스트의 중요성이 커지겠지요.

'무엇이 대세다'라는 건 흐름을 참고하기 위한 자료일 뿐, 상황에 맞게 융통성 있는 적용이 필요합니다. 모바일 시대, 영상이 대세라 하더라도 한 줄의 중요성을 간과해서는 안 됩니다.

네티즌은
생각이 깊다? 얕다?

둘 다 맞습니다. 우리나라 네티즌 생각 참 깊다, 대단하다 싶은 경우도 많지만 별로 없어 보이는 경우도 많습니다. 물론 그때그때, 사람마다, 커뮤니티에 따라서 다르지요.

포털사이트에서 각종 사건사고 뉴스의 댓글들을 보면 성격 급한 네티즌이 많다는 걸 느낍니다. 기사를 자세히 읽거나 그 이면에 대한 생각 없이 제목만 보고 성급하게 댓글을 다는 사람이 많습니다. 그것이 주로 추천 수 상위권을 차지하는 경우가 많다는 게 더 큰 문제고요. 주목을 끌기 위해 객관적 판단 없이 자극적으로 뿌려지는 일부 뉴스도 심각한 문제입니다. 그럼에도 불구하고 우리는 압니다. 성급하게 댓글을 쓰거나 생각 없이 추천을 누르는 네티즌이 전부가 아니라는 것을. 그 너머엔 직접 참여하지 않아도 정황을 객관적으로 파악하려고 노력하고 성급한 판단을 내리지 않는 절대다수의 현명한 네티즌이 있다는 것을요!

연기학도들의 연기 연습이 실제 사건으로 비춰져 네티즌들의 눈물샘을 자극하며 일이 커졌던 '지하철 결혼식 사건'은 그나마 따뜻한 해프닝에 속합니다. 고가의 카메라 장비로 그 장면을 찍던 신랑신부의 친구들을 본 소수의 네티즌이 연출 같다며 의혹을 제기하자 절대다수의 네티즌이 맹렬히 그들을 공격했죠. 논리와 정황에 관계없이, 차가운 세상에 모처럼 전해진 따뜻한 이야기에 마음을 푹 담그려던 찰나, 찬물을 끼얹는 이성적 종자(?)들이 이유 없이 싫었던 건 아닐까요? 결혼식 치를 돈은 없지만 지하철 승객들을 하객으로 모시고 잘 살아보겠다는 인사라도 드리고 싶었다는 그들의 한 줄이 만든 환상에서 절대로 깨어나고 싶지 않았던 건 아닐까요?

2015년 마스크와 선글라스를 쓰고 나타나 자기 남편, 친인척, 동네 주민들에게까지 성폭행을 당했다고 주장한 세 모자 사건은 어떻습니까? 그때도 동정 여론이 절대다수였고 의혹을 제기하는 측은 거의 성폭행범들의 대변인 취급까지 받았지만 결국 모두 거짓말로 판명 났죠. 의혹을 제기했다가 집중 공격을 당한 소수 네티즌의 마음을 위로해주거나 미안해하며 반성하는 네티즌은 거의 없었던 걸로 기억합니다.

사실관계 확인보다 선입견, 양쪽 이야기를 다 들어보기 전에 한쪽 이야기만 듣고 성급하게 다는 공격적인 댓글은 누군가를 공포와 우울증, 더 심한 경우 자살로 몰고 가기도 합니다.

2017년 여름, 인터넷 여론을 뜨겁게 달구었던 240번 버스 사건은 성급하게 판단하면서도 시시각각 상황에 따라 입장까지 쉽게 바꾸는 네티즌의 성향을 일거에 드러냈습니다. 어느 네티즌이 올린 240번 버스 관련 뉴스 댓글의 변화를 통해 우리나라 네티즌의 성급함을 재미있게 다룬 예를 살펴볼까요?

"아이만 내려놓고 엄마 태운 채 출발한 버스" (기사 제목)
☞ "보통은 못 내렸다고 하면 문 다시 열어주던데? 애 혼자 내렸다는데 문 안 열어주는 건 무슨 심보임?" (추천 수 높은 댓글)

"네 살 아이만 내렸다. '240번 버스'에 들끓는 분노" (기사 제목)
☞ "사람이니까 실수할 수도 있다. 그런데 자기가 잘못해놓고 욕을 하다니 거참 미친X일세." (추천 수 높은 댓글)

"인터넷 마녀사냥 지옥 같았다. 밥 한 끼 못 먹고 잠 못 자" (기사 제목)
☞ "인터넷에 글을 쓸 때 생각하고 써라. 오지랖 그만 하고! 왜 이리 미친X들이 많아?" (추천 수 높은 댓글)

"정신적 고통 크다. 240번 기사 휴가 떠나" (기사 제목)
☞ "최초 유포자 뭐 하는 인간인지 궁금하네. 지금쯤 아마 심장이 쫄깃할 듯." (추천 수 높은 댓글)

"아이만 내려놓고 엄마 태운 채 출발한 버스. 서울시 조사 착수" (기사 제목)
☞ "경찰은 뭐 하고 있나. 저 글쓴이 잡아서 철저한 수사를 해라. 괜히

잘못 없는 버스기사만 명예훼손당했다." (추천 수 높은 댓글)

물론 저도 남 이야기 할 처지는 못 됩니다. 저도 이 기사를 처음 대했을 때 네 살 아이만 내리고 엄마는 내리지도 않았는데 버스 문을 닫고 출발한 운전기사에게 좋지 않은 감정이 먼저 일어나더군요. 댓글을 달지는 않았지만 성급했던 자신을 반성했습니다. 모두가 조금은 여유 있게 판단할 수 있는 세상이 어서 왔으면 좋겠습니다. 그러려면 우리가 사는 세상이 먼저 바뀌어야 할 듯합니다.

이제 우리나라 네티즌의 우월함에 대해 이야기해봅니다. '네티즌 수사대'라 불릴 정도의 뛰어난 분석력은 미궁에 빠진 사건 해결 등에 결정적인 역할을 해냈죠. 2015년 1월 어느 늦은 밤 가족을 위해 크림빵을 사 들고 귀가하다가 뺑소니 교통사고를 당해 사망한 '크림빵 아빠' 사건이 보도되었습니다. 그러자 자동차에 대해 빠삭하게(?) 아는 네티즌들이 출동하여 갖가지 분석을 내놓았는데, 이게 큰 도움이 되었습니다. CCTV에 희미하게 찍힌 자동차의 형태만 보고 어떤 자동차인지 알아낸 것이죠. 여기서 중요한 건 집단지성을 통해 서로가 갖고 있는 정보를 보완하며 더 구체화하고 사실에 가깝게 발전하는 과정이 인터넷이라는 공간에서 이뤄졌다는 것입니다. 실제 사고가 일어난 장소에 모여 시뮬레이션까지 해낸 네티즌들의 노력 덕분에 마침내 범인도 잡을 수 있었죠. 인터넷 때문에 세상이 더 삭막해졌다고도 하지만 이런 일은 인터넷이 없던 과거라면 거의 불가능했을 것입니다. 물론 그 가공할 분석력이 성급한 신상 털기에 발휘되어 엉뚱한 사람의 피해로 이어지기도 하는 것은 참으로 안타깝습니다. 세상을 차갑게 만드는 것도 따뜻하게 만드는 것도 결국 '사람'에 달린 것 아닐까요? 인터넷이라는 도구 탓만 해선 안 된다고 봅니다.

우리나라 네티즌의 단결력은 또 어떻습니까? 분유 살 돈이 없어 훔쳐 나오다 붙잡힌 아기엄마를 돕고 싶다는 한 줄들이 줄을 잇습니다. 리트윗이나 공유를 통해 퍼지는 것도 순식간이며, 크라우드 펀딩으로 이어지는 온정도 엄청나지요. 물론 네티즌의 선한 마음을 이용해 사리사욕을 취하고 잔혹한 범죄까지 저지른 '○○니 아빠' 같은 사례는 다시 일어나선 안 될 것입니다.

우리나라 네티즌의 우월함에 대한 팩트는 더 많겠지만, 제 입장에서 하나만 꼽으라면 바로 '촌철살인의 한 줄'입니다. 때론 정치권의 비리나 정부의 업무수행 능력에, 때론 대리점을 향한 갑질과 소비자 우롱을 일삼는 기업에, 때론 파렴치한 범죄자의 뻔뻔한 낯짝에 날리는 한 줄은 수많은 네티즌에게 시원한 사이다가 되어줍니다. 거기에 그치는 게 아니라 권력에 대항하는 작은 민초들의 응집력을 보여주기도 합니다. 2017년 말 한국 사회를 강타한 "다스는 누구 겁니까?"가 좋은 예지요.

2017년 11월 JSA(공동경비구역)에서 귀순하다가 총상을 입은 북한 군인 관련 뉴스에는 "지구에서 가장 먼 길 왔는데 살아야 한다"라는 댓글이 추천 수 1위를 차지했습니다. 2010년 당진의 한 철강업체에서 일하던 젊은이가 용광로에 빠져 사망한 사건을 다룬 뉴스의 댓글 추천 수 1

위는 "그 쇳물 쓰지 마라"로 시작하는 한 줄이었습니다. 이분은 '댓글 시인'으로 불리며 그동안 쓴 댓글들을 모아 시집까지 냈습니다. '제페토'라는 닉네임으로 활동하지만 오프라인에서는 여전히 신분을 알 수 없는 상황입니다. 짧은 댓글 한 줄이 문학작품으로도 손색없음을 보여주는 증거죠.

우리나라 네티즌, 재치와 기발함 또한 둘째가라고 하면 서럽습니다. 일명 '빵 터지는' 댓글입니다. "국회의사당이 뭐하는 데지?"라는 질문에 '천하제일무술대회', "제가 지금 보쌈을 당해서 끌려가고 있어요. 도대체 누가 날 끌고 가는 거죠?"라는 질문에 '원할머니'처럼 상식의 허를 찌르는 댓글, "제 여자친구가 워낙 부끄럽나 봅니다. 아직까지 나타나지 않는 걸 보니……", "이번에 노벨상을 수상했는데, 9급 공무원 시험에 가산점이 붙는지 궁금하다" 등 옆구리 시리거나 취업이 어려운 현실을 자조적이면서도 재치 있게 묘사한 댓글은 힘겨운 현실에서 잠시나마 웃을 수 있게 해줍니다.

찍히면
골로 간다

　일찌감치 네티즌의 힘을 간파한 기업이나 공공기관에서는 마케팅 또는 시민 참여의 일환으로 댓글 이벤트, 4행시 공모전 등을 시행해왔습니다. 일본에서 시작되었고 사진이나 그림 하나를 제시한 후 기발한 제목을 달게 하여 우수작품을 뽑는 '제목학원'은 "당신의 드립력을 향상시켜 드립니다"라는 한 줄로 앱과 페이스북을 통해 여전히 건재를 과시하고 있습니다. 세스코는 홈페이지 방문객의 사소하고 엉뚱한 질문에도 담당자가 재치와 성의가 넘치는 댓글을 달아 기업 이미지 향상에 기여하기도 했죠. 온라인에 기업의 진정성을 담아 소비자를 끌어당긴 원조 사례입니다. 마케팅 냄새를 전혀 풍기지 않으면서 말입니다.

　소비자가 불편한(?) 감정을 많이 갖고 있는 기업이나 공공기관엔 어떤 일이 일어날까요? SNS 마케팅 실패 사례로 현대자동차 제네시스 4행시 공모전이 회자됩니다. 현대자동차 페이스북을 통한 공모전에서 '좋아요'를 가장 많이 받은 댓글은 이렇습니다.

제: 제네시스에 또 물이 새네요.

네: 네, 현대차는 원래 그렇게 타는 겁니다.

시: 시속 80Km로 박아도 에어백이 안 터지네요.

스: 스스로 호구 인정하셨네요. 호갱님!

이외에도 현대자동차의 결함이나 AS에 대한 불만을 풍자한 4행시들이 봇물을 이뤘는데요. 현대자동차는 네티즌의 감정에는 아랑곳하지 않고 아래와 같은 4행시를 당선작으로 뽑았습니다.

제: 제네시스와 함께 하는 오늘.

네: 네가 있어 더 행복함을 느낀다.

시: 시작도 너와 함께 하고 끝도 너와 함께 하고 싶다.

스: 스스럼 없는 나의 선택, 제네시스!

사실 현대자동차에 대한 소비자들의 불만은 어제오늘 이야기가 아닙니다. 현대자동차가 SNS 마케팅을 처음 하는 초보도 아닌데, 조금만 생각해도 불만 댓글이 쏟아질 것을 담당자는 전혀 예측하지 못했을까요? 오히려 공개석상에서 불만을 표출하는 창구를 마련하여 그 불만이 누적되는 것을 해소하기 위한 마케팅 의도가 숨어 있었다면 차라리 좋았을 텐데요. 그 추측이 맞으려면 현대차의 마음에 쏙 드는 4행시가 아니라 네티즌들의 추천 수가 가장 많은 4행시를 당선작으로 뽑았어야 합니다. 여러 가지 현실적 제약으로 인해 곤란하다면 '네티즌 추천상'이라도 따로 줬어야 합니다. 그래서 "여러분의 불만을 잘 새겨듣고, 좋은 차를 만들기 위해 더 노력하겠습니다"와 같은 한 줄로 마무리했다면 어땠을까요.

담당자의 능력과는 관계없이 성 안에 파묻혀 일하다 보니 밖에서 보는 시선에 둔감하거나 남들도 다 하는 이벤트니 별 생각 없이 진행한 결과일 수도 있습니다. 실제 의도가 무엇이었는지는 담당자가 아니고서는 알 수 없지만, 어쨌든 촌철살인의 4행시는 기업의 머리 위에 올라가 있는 네티즌의 무서움을 단적으로 보여주는 사례네요(이럼에도 불구하고 제네시스 판매량은?).

제: 제네시스 4행시는 왜 했을까.
네: 네 맘처럼 좋은 글만 올라올 줄 알았지.
시: 시장 분위기가 어떤지 좀 봐라.
스: 스스로 무덤을 판 거야.

제네시스의 뼈아픈 선례가 있음에도 모 정당은 정당의 이름으로 5행시 공모전을, 어느 정부부처는 '순국선열', '애국지사'로 4행시 공모전을 시행하여 온갖 조롱을 당했죠. 현대자동차보다는 인지도가 낮다는 점을 역이용하여 셀프디스 혹은 자폭을 통한 관심 촉발로 봐야 할까요? 만약 해당 정당을 선호하는 일부 어르신 층이 5행시에도 능하다면 충분히 맞불을 놓는 상황도 그려볼 수 있었겠지만 현실적으로 젊은 층의 순발력과 기지에 대항하기엔 역부족이었습니다.

'순국선열', '애국지사'로 4행시 공모전을 했던 어느 정부부처의 경우는 '설마 순국선열, 애국지사 같은 엄숙한 주제에 악성 4행시가 달릴까' 하는 순박한 생각을 하지 않았을까 짐작합니다. '순국선열', '애국지사' 같은 '주제'만 보고 안심했을 뿐 젊은 층의 마음을 미처 고려하지 못했을 가능성이 큽니다. 젊은 층은 순국선열, 애국지사 자체에 대한 비난이 아니라, 해당부처의 사건사고를 보며 쌓아온 나쁜 이미지를 그대로 4행시로 표현했습니다.

우리가 흔히 낚는다고 표현하는 낚시성 한 줄도 조심해야 합니다. '어떻게 하면 클릭하게 할까?'에 과도하게 집착하다 보면 왜곡·과장하게 됩니다. 막상 클릭해보면 엉뚱한 메시지를 늘어놓거나 기대와 달리 한숨 나오게 하는 콘텐츠로 유인하고 있습니다. 특히 포털사이트의 신문기사 제목에 그런 게 많습니다. 이게 반복되면 그 매체를 불신하고 외면할 수밖에 없습니다.

한 명이라고 무시하면
무사하지 못할걸?

네티즌의 집단적인 힘도 강하지만 네티즌 한 명 한 명의 역량 또한 강합니다. 충주시 SNS나 세스코 홈페이지의 성공적 사례는 결국 한 사람의 역량이 제대로 발휘된 경우입니다. 충주시의 경우 담당자 한 명이 SNS 하나만큼은 자신이 책임지겠다며 전권(?)을 위임받아 진행했기에 가능했다고 합니다. 그런데 이 사람이 민간에서 온 경력 공무원도 아니고 일반 행정공무원이라는 점은 더 이채롭고요.

롯데리아 만우절 이벤트는 네티즌 한 명의 힘이 다른 네티즌은 물론 기업까지 움직일 만큼 대단하다는 점을 보여준 사례입니다. 2012년 만우절에 전국 롯데리아 매장에서 제품을 구입하는 고객 중 지정된 암호한 줄, "오빠~ 핫크리스피버거 사주세유~"를 외치는 선착순 150명에게 해당 제품을 준다는 웹 광고가 3월부터 SNS에 떠돌았습니다. 사실이 아니라는 롯데리아 측의 공지에도 불구하고 실제 매장에는 아침부터 찾아간 고객들이 암호를 외치다가 영문을 모르는 직원과 서로 민망해지는 사태가 발생했는데요. 실은 한 네티즌의 만우절 장난이었습니다(롯데리아 측에서 한 고도의 마케팅이 아닐까 하는 생각도 듭니다만). 2013년 롯데리아는 네티즌의 장난에 과민 대응하지 않고, 이를 그대로 살려 마케팅의 호기로 삼는 만우절 이벤트를 진행합니다. "'이번엔 진짜다'라는 한 줄과 함께 말이죠. 만약 해당 네티즌을 신고하거나, 사실이 아니라며 계속 외면했다면 어땠을까요? 네티즌이나 소비자에게 힘으로 맞서는 시대는 지났습니다. 여유와 포용으로 끌어안아야 하는 시대입니다. 작은 위기도 기회로 만드는 지혜, 감추거나 가식으로 대하기보다 진정성 있게 상대에게 다가가는 열린 마음이 필요한 때입니다.

'좋아요'와 '팔로워'가
그리 좋아요?

SNS를 하는 사람에겐 일상인 일이 있습니다. 꽤 긴 글을 올렸음에도 글이 올라가자마자 뒤따라 올라오는 '좋아요' 표시. 마음은 고맙지만 어찌 보면 눈도장에 불과한 행위입니다. '좋아요'나 '공감' 표시는 누르기도 쉬운 만큼 그 마음이 변하는 것도 쉽습니다. 기업이나 공공기관의 입장이라면 '좋아요'보다 시간을 들여 써야 하는 '댓글'이 얼마나 올라오는지, 그리고 진정성 있는 댓글의 비중을 더 중요하게 봐야 합니다. 얼마나 공유되는지도 중요하고요. 공유한다는 건 내 친구에게, 지인에게 꼭 필요한 정보, 나눠주고 싶은 정보라는 인증이니까요.

팔로워 수도 마찬가지입니다. 물론 많은 게 나쁜 건 아니죠. 팔로워 수가 증가했다는 것은 윗선에 보고하기에도 좋은 팩트이고요. 그래도 팔로워 숫자보다는 팔로워가 얼마나 '진성'인지가 더 중요합니다. 팔로워 수를 인위적으로 늘리기 위한 억지스러운 방법은 좋지 않습니다.

얼마 전 어느 도시가 고궁, 문화시설에 대한 무료·할인 이벤트로 카카오톡 친구 수를 전국 1위로 늘렸다는 보도자료를 내보냈는데요. 해당 시로서는 고무적인 성과겠지만, 결국 무료나 할인 때문에 어쩔 수 없이 친구관계를 유지하는 경우가 많다는 점을 알아야 합니다. 이벤트가 흐지부지되면 썰물처럼 빠져나갈 가능성도 크고요. 친구관계를 유지하면서 시정정보도 받아봐야 하는데 이게 재미없거나 별 도움이 안 된다면 친구를 끊어버리거든요. 이왕 일을 벌인 만큼 올라가는 시정정보 한 줄 한 줄을 개성 있게 만들어 '진성' 친구관계를 계속 유지해야 합니다. '○○의 가을 명소', '○○문화제 안내' 같은 고지 형태의 한 줄만으로는 어렵습니다.

인공지능의 한 줄?
결국 '사람'이다

마케팅, 광고 등 소비자를 대상으로 하는 '한 줄'을 만드는 인공지능 (AI)이 미국 벤처기업 퍼사도(Persado)에서 개발되었다고 합니다. 일본에서는 유명 광고 크리에이티브 디렉터와 일본에서 개발한 인공지능이 각각 껌 광고 문구를 만들어 소비자 선호도를 조사하기도 했습니다. 결국 사람이 이겼지만 인공지능도 46%라는 놀라운 득표율을 기록했다네요.

지금까지 '기계(인공지능)'가 만들어낸 '한 줄'은 말 그대로 문장이 기계적이거나, 소비자의 마음을 움직이기엔 미흡했습니다. 우리나라는 전문가에게 맡기기 어려운 소상공인이나 일반인, 광고 지망생의 경우, 인터넷에 떠도는 문구 모음 파일을 참고하거나 기존 광고 문구를 참고하면서 가내수공업(?)으로 만드는 경우가 많죠.

반면 이번에 개발된 인공지능은 이전보다 훨씬 친근하면서도 소비자의 마음을 움직일 수 있는 한 줄을 단번에 만들어낸다고 합니다. 사람처럼 고민하고 수정할 필요도 없이 말입니다. 마이크로소프트, 시티은 행 등 약 100여 개 기업이 이미 이 인공지능을 활용하고 있으며, 골드만 삭스에서 3000만 달러의 투자를 받았다고 합니다. 얼마나 대단하기에 그런지 알아볼까요? 복약 안내를 위해 쓰인 문구를 예로 들어보겠습니다.

기존의 문구: 4시 30분입니다. 처방한 약을 드세요.

(It's 4:30. Please take your prescribed medication.)

인공지능의 문구: 약을 드실 시간입니다. 당신의 가족은 당신이 건강하길 바랍니다.

(Time for your medicine, Charles. Your family needs you strong and healthy!)

여러분이 보기엔 어떠세요? 차이가 확연합니다. 당연히 아래쪽의 문구가 좋죠. 다만 기존의 문구는 너무 평범한 예를 제시했네요. 확 차이가 나야 자사 시스템의 우월성이 더 돋보이니까요. 전문가가 만든 문구도 함께 제시했더라면 더 좋았을 겁니다. 여러분이 만약 인공지능과 한판 겨뤄본다면 위의 문구를 어떻게 바꾸겠습니까?

저라면 이렇게 바꿔보겠습니다.

약 먹을 힘이 있는 게 어딥니까? 미루다 후회 말고 지금 드세요.

인공지능이 만든 문구를 모두 본 건 아니지만, 몇몇 예만 보자면 '정석 패턴'이 존재하는 것 같습니다. 전문적이긴 하나 다소 '착하고' 휴머니즘에 가까운 편입니다. '삐딱선'을 타거나 변칙적인 문구를 내놓기엔 아직 부족해 보입니다. 아마도 기존의 문구 빅데이터를 기반으로 하고 있기 때문이 아닐까요? 평범한 한 줄보다는 훨씬 좋지만 경쟁이 치열한 시장에서 비슷한 맥락의 한 줄이 나올 수 있어 승부가 어려워질 수도 있습니다. '좋은 한 줄'도 물론 중요하지만 시장에는 각자의 제품, 브랜드가 처한 포지셔닝에 입각하여 경쟁관계와 기타 여러 변수를 염두에 둔 '다른 한 줄'이 필요한 경우가 많거든요. 물론 그렇게까지 할 필요가 없는 경우라면, 인공지능에 맡기는 게 비용과 시간 면에서 효율적일 수도 있으니 그렇게 해야겠죠.

약 먹을 힘이 있는 게 어딥니까?는 '삐딱선'입니다. 정석에서 벗어나죠. 이러한 사례들이 인공지능 알고리즘에 제대로 반영된다면 모를까, 아직은 사람이 인공지능보다는 더 개성 있는 한 줄을 내놓을 수 있다고 봅니다. 정석대로 좋은 한 줄을 내기보다 다른 한 줄을 내고, 지속적으로 각을 달리하여 인공지능보다 앞서가는 것은 어떨까요?

서울시가 주최한 서울브랜드공모전을 홍보하는 한 줄인 공무원이 만들면 안 봐도 비디오도 마찬가지입니다. 만약 이를 인공지능에 맡겼다면 서울브랜드는 서울의 얼굴, 당신과 함께 가꾸겠습니다 정도의 수준에 머물 가능성이 (아직까지는) 큽니다. 어느 정치인의 한 줄로 크게 회자가 되었던 저녁이 있는 삶도 마찬가지입니다.

또한 단순히 양질의 한 줄을 쏟아내고 추천하는 것은 기계의 일이지만, 어떤 한 줄이 이 상황에 맞는지에 대한 변별과 판단, 최종 선택은 아직까지 사람의 몫입니다. 물론 이것도 사람으로서의, 한 줄 전문가로서의 기득권을 지키기 위한 편향된 예측일 수 있습니다. 언제 어떻게 세상이 바뀔지, 내가 모르는 무서운 세상이 이미 어떻게 진행 중인지도 제대로 알 수 없으니까요.

이 책을 준비하는 동안, 무릎이 좋지 않은 출판사 대표가 관절 치료를 받았습니다. 안부 문자 한 줄을 보냈습니다. 만약 인공지능이라면 저보다 더 세련되고 감동적인 한 줄을 만들어낼 수도 있겠지요. 하지만 사람의 체온이 묻어 있는 '한 줄'과 인공지능이 만든 '한 줄'은 받아보는 느낌이 다를 수밖에 없습니다. 조금은 서툴러도 사람에게서 날아온 '한 줄'이 더 따뜻하게 느껴집니다. '인공지능을 통해 만든 한 줄을 사람이 보내면 어찌 알겠느냐?'고 생각하실 수도 있습니다. 우린 이미 온·오프라인에서 수많은 관계 형성을 통해 그 사람의 커뮤니케이션 톤이나 글의 내공을 알고 있습니다. 갑자기 그 사람과 어울리지 않는 한 줄을 받는다면 누군가의 도움을 받았구나 하고 알아챌 것입니다. 인공지능이 대필작가가 되면서 진정성이 사라지는 거죠. 1:1 커뮤니케이션에서는 조금 투박해도 '그 사람이구나'를 느끼게 해주는 것이 더 좋습니다.

마포대교 '생명의 다리' 캠페인은 유명 광고대행사에서 기획하여, 세계적인 광고제에서 상까지 받았습니다. 마포대교에 자살자가 많은 문제를 해결하기 위해, 사람이 지나가면 센서가 반응하여 "많이 힘들었구나",

"무슨 고민 있어?" "속상해하지 마" 같은 글이 조명이 켜지면서 나타납니다. 아이디어와 의도는 훌륭했지만 안타깝게도 자살자가 줄어들지는 않았다고 합니다. 한 줄'이 '사람'이 아닌 '기계'에 의해 표현되었기 때문에 발생하는 문제라고 생각합니다. 아무래도 체온이 없는 거죠. 한 줄의 '내용'이나 한 줄을 보여주는 기발한 '장치'보다 '누가 이야기했나?', '그 이야기에 정말 나를 생각하는 진정성이 담겨 있나?'가 더 중요한 겁니다. 누구에게나 똑같이 보이는 근사한 한 줄이 아니라 정말 주변에서 나를 걱정해주는 누군가의 한 줄이 있었다면 자살을 생각하는 사람의 마음을 조금이라도 돌릴 수 있을 것입니다.

실제 2017년 말 우울증에 걸린 한 대학생이 마포대교에서 자살을 암시하는 글을 대학교 온라인 커뮤니티에 올렸습니다. 그 학생이 마포대교까지 가서 서성일 때, 알지 못하는 같은 학교 학생이 숨을 헐떡이며 달려와 말을 걸었습니다. 결국 자살을 막았고, 그에 대한 고마움의 글이 올라오기도 했습니다.

사람은 기계처럼 척척 답을 내지 못하고, 고민을 하고 머리를 싸매야 겨우 '제대로 된 한 줄'이 나오는 경우가 많습니다. 기계처럼 어느 정도 질이 보장된 한 줄을 지속적으로 내기 어렵고 때론 실패하거나 때론 위험한 한 줄을 내놓기도 합니다. 공들여 쓴 한 줄이 상사의 눈앞에서 공중 분해될 수도 있습니다. 밤에 '이거다' 싶어 썼던 한 줄이 아침에 '이게 뭐야?'가 될 수도 있습니다. 좌절감이죠. 하지만 기계는 느낄 수 없습니다.

역으로 생각해보면 괜찮은 한 줄을 만들어 스스로도 만족하고 누군가를 만족시키고 더 나아가 많은 사람들을 움직일 수 있다면 엄청난 성취감으로 이어지겠죠? 아직까지는 사람만의 고유한 감정입니다.

아무리 트렌드가 쉽게 바뀌고 새로운 기술이 쏟아져 나오더라도 가장 중요한 건 '사람'입니다. 사람에게 상처받고 사회에 상처받고 기술에 상처받는 것도 결국 사람입니다. 상처받은 사람을 위로해주고 따뜻하게 안아줄 수 있는 콘텐츠, 보듬어줄 수 있는 한 줄은 시대를 불문하고 그 가치를 인정받을 수 있습니다. 인공지능의 영역이 넓어질수록 사람의 입지는 좁아지고 그럴수록 '사람 냄새'에 대한 그리움과 갈증은 커질 것입니다. 사람이 만든 한 줄이 사람을 움직여야 합니다. 보듬어주어야 합니다.

전태일 열사가 남긴 한 마디, 한 줄의 문장으로 이 책의 본론을 시작해보려 합니다.
"우리는 기계가 아니다!"
그렇습니다. 우린 사람입니다.
결국 '사람'입니다.

원하는 것을 확실하게 얻어내는
한 줄 쓰기

우리가 하루에 접하는 마케팅 메시지는 평균 3천여 건!

나 좀 봐달라고 그렇게 외치는데도

왜 사람들은 눈길조차 안 줄까요?

사람들의 무관심을 관심으로 바꾸기 위한

한 줄 솔루션들을 소개합니다.

눈에 띄게 하려면?
관심유발

0.25초, 당신의 한 줄에 사람들의 눈길이 머무는 시간.
그 눈길이 다른 곳으로 향하지 않도록 관심을 끌어야 합니다.

낮추면 높아진다,
셀프디스

업계 최고, 동급 최강, 세계 최초, 판매 1위, 무슨무슨 상 수상……. 자주 본 한 줄들입니다. 물론 이런 주장이 필요한 경우도 있겠지만, 저마다 전면에 내세워 큰 소리로만 강조하니 문제입니다. 여러분 주변을 돌아보세요. 늘 잘난 체하는 사람이 있다면 그와 가까이 하고 싶겠습니까? 제품, 브랜드, 기업도 마찬가지입니다.

모두가 문턱을 높이고 성벽을 쌓을수록 덩달아 경쟁하는 것보다 역으로 낮추는 지혜가 필요합니다. 모두가 "저요! 저요!" 할 땐 가만히 있어야 눈에 띕니다. 모두가 서 있을 땐 앉아 있어야 눈에 띕니다. 사람들은 물 샐 틈 없는 완벽함보다 자신을 낮추는 편안함에 시선과 마음이 끌립니다. 제품과 브랜드 관리에는 완벽을 기하되, 사람들에게 다가가는 한 줄엔 힘을 빼보세요. 문턱을 낮추어 마음의 발길이 쉽게 넘어오게 하세요. 자신을 낮추면 사람들이 알아서 높여줍니다.

SBS가 내놓은 자식들……

스브스뉴스

○○○

앞에서도 다뤘지만, 뉴스에 무관심했던 젊은 층 사이에서 핫한 '스브스뉴스'의 한 줄입니다. 원래는 'SBS가 내놓은 자식들'이었는데, '그건 너무하지 않냐'는 윗선의 반대로 'SBS가 자신 있게 내놓은 자식들'로 바뀌었다고 합니다. 제 눈엔 처음 안이 훨씬 더 강력해 보이네요. '자신 있게'라는 단어는 잘 만든 짜장면에 '그래도 한국인은 매운맛 아냐?' 하면서 슬쩍 붓는 짬뽕 국물처럼 느껴집니다. 스브스 측에서도 많이 답답했을 겁니다.

팩트로 봐도 'SBS가 내놓은 자식들'이 더 맞습니다. '너희들이 정 해 보고 싶으면 해봐' 하는 분위기에 회사 밖 컨테이너 박스에서 기자 두 명이 작가 한 명과 대학생 인턴 몇몇을 모아 시작했으니까요.

근데 이 뉴스가 대박을 칩니다. 딱딱한 뉴스의 틀에서 벗어나, 젊은 층의 입맛에 맞게 뉴스를 제공하니까요. 뉴스인지 모르고 봤는데 뉴스였고, 그러면서도 젊은 층이 좋아하는 정보와 오락을 맛나게 버무리거든요. 모바일 트렌드에 맞게 재미있게 갖고 다니며 즐길 수 있는 콘텐츠를 만들겠다는 게 스브스 측의 전략이었답니다.

어제 집에 어떻게 왔더라?
음주 귀가를 다룬 스브스뉴스 콘텐츠를 대표하는 한 줄입니다. 기존의 뉴스라면 "음주 후 귀가에 대한 다양한 행태를 취재해보았습니다" 정도의 한 줄이 나왔겠죠. '나는 뉴스입니다' 하고 나오면 더 보고 싶은 마음이 사라집니다. 스브스뉴스는 뉴스를 제공하는 공급자의 시각이 아니라 인터넷으로 뉴스를 소비하는 젊은 층, 즉 수요자의 취향에 맞추려 노력합니다. 수요자들이 늘 하는 생활언어이면서 '내 얘기다' 하는 촉을 건드려주기 때문입니다. "어제 집에 어떻게 왔더라?"를 보조하는 한 줄인 잃어버린 어제를 찾습니다는 생활언어는 아니지만 "어제 집에 어떻게 왔더라?"를 마무리해주는, 혹은 이 콘텐츠의 목적이자 정체성을 표현해주는 한 줄입니다.

어느 시대나 마찬가지겠지만 정도의 차이가 있을 뿐 젊은 층은 기성세대에 대한 반감이 심합니다. 단군 이래 최고의 스펙을 지녔다는 요즘 젊은 층은 죽을 둥 살 둥 공부해봐야 제대로 된 직장에 취업하기도 힘들고 변변한 집은커녕 결혼이나 연애를 꿈꾸기도 힘든 상황입니다. 이런 때 '젊어 고생은 사서 한다', '노력을 안 해서 그렇다', '고생도 안 해본 것들이' 같은 사고방식은 그들의 분노를 더욱 자극할 뿐입니다.

SBS는 기존 뉴스, 기성세대의 방송사라는 인식이 강합니다. 거기서 내놓은 자식이라고 하면 젊은 층은 오히려 반깁니다. 통쾌해합니다. '나랑 같은 부류구나' 하고 생각하게 되는 겁니다. 난 엄마처럼 살지 않을 거야!라는 한 줄이 왜 유행했겠습니까? 이 한 줄은 《세상의 모든 딸들》이라는 책 표지에 메인 카피로 사용되기도 했는데 그해 무려 130만 부가 팔려 번역서 부문 판매 1위를 차지하기도 했습니다.

젊은 층은 부모가 시키는 대로 하는 걸 싫어합니다. 부모의 영향에서 벗어나 자기만의 길을 개척하고 싶어합니다. 이러한 세대에게는 '자신 있게'가 없는 게 더 낫습니다. 타깃이 젊은 층이면 그쪽에만 맞추고 노선을 분명하게 하는 게 더 좋습니다. 겉으로는 스스로를 낮추고 격까지 낮추는 것 같지만 결국 젊은 층이 알아서 높여주게 되어 있습니다.

한 줄의 셀프디스, 도발과 반항에서 시작합니다. 눈치 보지 않고 과감하게 벗는 것에서부터 시작합니다. SBS가 맞춰준 옷을 벗어버린 스브스뉴스처럼 말이죠.

에이비스는 2위에 불과합니다
그래서 더 노력합니다

○ ○ ○

화석(?)에 가까울 정도로 연식이 있는 한 줄이지만 역사(?) 공부하는 마음으로 살펴볼까요? 오래된 사례라고 무시하면 안 됩니다. '왜 이런 한 줄을 썼을까, 시장은 어떻게 반응했을까'를 짚고 넘어가는 게 중요하니까요.

1960년대 미국의 렌터카 시장은 허츠(Hertz)가 꽉 잡고 있었습니다. 에이비스(Avis)는 허츠에 비해 네 배가량의 단기대여 격차는 물론 10년 넘게 적자에 시달리던 2위 업체였죠. 이때 에이비스가 대표선수로 내놓은 한 줄은 에이비스는 2위에 불과합니다였습니다. 스스로 2위라는 걸 인정해버린 거죠. 왜 2위라는 '부끄러운' 사실을 고백하는 걸까? 사람들이 궁금해했습니다. 이어지는 한 줄을 보면 궁금증이 풀립니다. 그래서 우리는 더 노력합니다.

광고에서만 그치지 않았습니다. 영업소장들의 선서에도, 렌터카 접수 담당자들의 배지에도 적용되었습니다. 더 열심히 한다는 것의 실체는 새 차처럼 깨끗하고 안심할 수 있는 렌터카였습니다. 깨끗이 세차하는 건 기본이며, 재떨이가 꽁초로 가득한 꼴을 못 보고, 안전을 위해 타이어를 꼼꼼히 점검한다는 것이죠. 이를 실천하고 증명하기 위해 30만 장의 점검 카드까지 일선에 배포했습니다. 사람은 공개적으로 한 말을 지키려는 성향이 있습니다. 금연도 여기저기 떠들어야 성공률이 높아지듯, 기업도 그렇습니다. 에이비스는 한 줄의 힘으로 더 신속하고 꼼꼼하고 친절해졌습니다.

결과는 어땠을까요? "너희들은 역시 2위에 불과해. 앞으로도 이용하지 않겠어." 이런 반응을 보였을까요? 아닙니다. 열심히 노력한다는 말이 맞는지 확인하기 위해 에이비스를 시험적으로 이용해보는 고객이 늘기 시작했죠. 광고가 화제가 된 것은 물론 '업계 2위인 에이비스도 노력하는데 3, 4등인 우리는 더 잘해야 하지 않겠냐'는 자성의 목소리가 커지면서 업계의 분위기까지 바뀌게 되었습니다. 에이비스는 2개월 만에 적자에서 탈출했고, 뉴욕에서만 한 달 만에 50%가량 매출이 증가했다고 합니다. 한 줄이 한 기업의 이미지 변화를 넘어 기업의 자세와 행동, 소비자의 마음까지 바꿔버린 것입니다.

이 위대한 한 줄은 어떻게 만들어졌을까요? 우선 에이비스는 광고회사에 명확한 목표를 제시했습니다. 에이비스 사장은 강적인 허츠의 아성에 도전하려면 흔한 광고로는 안 된다고 생각했고, 이에 걸맞은 광고를 만들어달라고 요청했습니다. 광고회사인 DDB 역시 어떻게든 수주를 위해 머리를 조아리는 일은 하지 않았습니다. DDB가 만든 광고를 가감 없이 그대로 쓸 것을 주문했습니다. 광고주의 중역들이 멋대로 난도질을 한다면 안 된다고 엄포(?)까지 놓았습니다. 놀랍게도 광고계약은 성공했고 위대한 한 줄을 필두로 한 No. 2 캠페인이 제시되었습니다. 예상대로 에이비스 내부 직원들의 엄청난 반대에도 불구하고 캠페인은 시작되었으며 결과는 성공이었습니다.

한국에도 유사한 사례가 있습니다. 신용카드 시장에서 BC카드, 삼성카드 등에 밀리던 현대카드의 위상이 높아진 것은 2003년에 취임한 정태영 사장의 광고회사 과보호(?) 덕분이었습니다. 광고회사가 만드는 광고에 대해 중역이든 실무자든 일절 관여하지 말라는 지시가 떨어졌습니다. CF 촬영장에 나와 간섭하는 일도 사라졌다고 합니다. 광고회사가 광고주 눈치 안 보고 광고주의 요구에 휘둘리지 않고 좋은 캠페인을 만들 수 있는 토양을 제공한 것이죠.

이 글을 읽는 당신은 어느 쪽인가요? 한 줄을 만드는 사람인가요? 이를 검토하고 결정하는 사람인가요? 한 줄을 접하게 되는 소비자인가요? 어느 쪽이든 상관없습니다. 한 줄의 가치를 인정할 줄 아는 사람은 전문가의 가치도 인정할 줄 압니다. 좋은 한 줄은 좋은 클라이언트가 만듭니다. 물론 전문가의 자질 문제도 생각해봐야 하지만.

당신은, 당신의 브랜드는, 당신이 홍보해야 할 대상은 2등인가요? 혹은 그보다도 못한가요? 용기 있는 자만이 미인을 얻는다는 말이 있습니다. 자신의 약점을 노출하는 것은 상당한 용기를 필요로 합니다. 그리고 그 한 줄의 용기에 사람들의 마음이 움직입니다.

공무원이 만들면 안 봐도 비디오
역적의 역작, 서울시 역대 최대 공모전 참여를 이끌다!

ooo

미친 짓이었습니다. 점잖고 근엄한 공직 사회, 문제 생기는 걸 극도로 주의하는 조직에 이런 걸 들이밀다니……. 이 정도면 셀프디스를 넘어 자폭이요 어이 상실을 넘어 어의 왕진이 필요한 지경이죠. 보고 과정에서부터 싹둑은 물론 공공의 역적으로 지목되어 계약직 연장이 싹둑 될 수도 있다는 예감이 미세먼지처럼 제 머릿속을 덮었습니다.

달리 생각하면 미쳐야 했습니다. 역적이 되어야 했습니다. 서울브랜드 선정에 시민 참여를 극대화해야 하는 분명한 미션이 있는데, 서울시의 홍보예산은 민간에 비해 턱없이 부족했습니다. 갖고 있는 매체도 가짓수만 많을 뿐 이렇다 할 위력이 없었죠. 서울브랜드의 개념은 어렵고 낯설었습니다. 상금도 적고, 꼭 참여해야 할 마땅한 명분을 주지 않았습니다.

이럴 때일수록 곱게 미쳐야 했습니다. 내가 아니라 조직에 도움이 되는 미친 생각이 필요했습니다. 이 한 줄이 엄청난 화제가 됨은 물론 공무원에 대해 우호적인 반응이 터져나오리라는 미칠 듯한 확신이 있었습니다. 단지 공무원에 대한 치욕, 그저 그런 공모전 참여율로 그칠 것을 예상했다면 이 한 줄은 미련 없이 휴지통에 넣고 삭제했을 것입니다.

그런 자신감으로 밀어붙이니 이 한 줄에 보이지 않는 콩깍지가 씌워졌습니다. 민간에서 탄탄한 기획력을 쌓아온 첫 번째 보고라인(김동경 과장님)은 두말없이 OK, 유연한 사고와 강한 추진력의 정통 행정 공무원인 두 번째 보고라인은 '피식~' 미소로 동의, 마지막 보고라인인 그분은 촌각을 다투는 스케줄 속에 수많은 사안을 보고받느라 미처 제대로 읽지 못하신 듯했습니다. 단 한 명이라도 반대했다면 끝인 상황이었는데……

하늘이 도운 거죠.

두 번 다시 오기 힘든 기회와 하늘의 가호를 업은 "공무원이 만들면 안 봐도 비디오" 이 한 줄이 시내 가판대, 구두 수선소, 지하철 포스터 등 평소에 시민들이 잘 보지도 않는 매체에 좌르르 깔리게 되었습니다. 아니나 다를까 폭발적인 반응이 SNS의 바다에 파도를 이루었습니다. 그중에 몇 가지만 보실까요?

와 설득력 있네 ㄷㄷ 이런 건 참여해야지. (ain*****)

이런 홍보문구를 만들 수 있는 공무원이라면 안 망할 것 같다. (eun_****)

어느 공무원의 아이디어인지 박수를 보냅니다. 이런 걸 윤허해주신 공무원께도 박수를 보냅니다. (jon****)

오늘 간만에 지하철을 타다가 재미있는 포스터를 보았어요 ㅎㅎ (lov*****)

아, 뭔가 슬프면서 웃기다는… 공무원님들 저희가 많이 사랑하는 거 아시죠?^^ (dol******)

중간에 너무 웃어서 순간 빵! 근데 최종 결정도 공무원이라면 괜찮을지는. (isi****)

서울시 자기 디스 쩔어! 최고다. (pch*****)

자기네들이 만들면 망한다고 솔직하게 말하는 도시가 어디 있을까? ㅋㅋ (wan******)

출근길에 본 서울시 광고 신선하네. (cha*****)

서울특별시 광고 멘트류 최상. (루**)

공무원 스스로 자신들을 디스하는 클라스 보소. ㅎㅎ (cco****)

광고문구가 기가 막힌다. 감탄하지 않을 수 없다. 그걸 오케이한 공무원에게 엄지척을 보낸다. (her*****)

외근길 심금을 울리는 광고와 마주치다. (sae****)

이 정도 기안이 통과되는 수준이면 꼰대 냄새가 덜 나지 않니. (jan*****)

물론 호의적인 반응만 있었던 건 아닙니다. '이렇게 해도 괜찮나?'부터 노발대발 욕설에 이르기까지 부정적인 반응도 있었습니다. 하지만 소수였습니다. 긍정 의견 90%, 부정 의견 10%가량이었습니다. 그중에서도 공무원을 욕하는 게 아니라, 제작자를 욕하면서 오히려 공무원의 입장을 걱정해주는 의견이 많았습니다. 결과적으로는 서울브랜드에 대한 관심은 물론 서울시 공무원의 이미지를 긍정적으로 이끄는 데 크게 기여한 한 줄이었습니다. 아마 세계의 그 어떤 공직사회도 해보지 못한 자폭 아닐까 합니다.

그런데 이렇게 화제만 끌고, 실질적인 참여가 없다면 어떻게 될까요? 마케팅에서도 광고 카피는 화제가 되었지만 정작 판매는 부진했던 사례가 얼마나 많습니까? 공무원이 만들면 안 봐도 비디오. 이 한 줄은 보기 좋게 그런 우려를 씻었습니다. 서울시 공모전 사상 역대 최다인 1만 6147건의 작품이 응모되었으니까요. 어찌 보면 가볍기 그지없는 한 줄에 묵직한 관심과 공감을 보내주시고, 덩달아 응모까지 해주신 수많은 시민, 네티즌 여러분께 감사할 뿐이었습니다(물론 이러한 시민응모와 투표를 통해 선정된 I·SEOUL·U는 엄청난 비난과 우려를 받아 마음이 아팠지만, 그래도 지금은 대견하게 잘 정착 중이네요).

제작 후기

서울시에 카피라이터는 저 외에도 한 명이 더 있었습니다. 감성적인 카피를 잘 쓰는 유능한 카피라이터였습니다. 서울브랜드 시민 참여 활성화 홍보를 위한 첫 번째 회의에서 두 카피라이터의 아이디어가 책상에 깔렸습니다. 제 아이디어는 까이기 시작했습니다. 나쁘다는 평은 없었지만 분위기가 싸 했지요. 제가 제시한 한 줄들은 재미없거나 가식적이었습니다. "서울을 한 마디로!", "서울을 정리하자!", "뉴욕의 I love NewYork을 넘어서자", "서울특별명"…… 지금 봐도 부끄러운 한 줄이었습니다.

반면 동료 카피라이터의 한 줄은 아이스크림처럼 부드러웠습니다. "서울은 무슨 색일까요?", "서울의 맛은 무슨 맛이죠?", "서울은 어떤 향기가 날까요?" 등등. 오감을 통해 서울에 대한 새로운 관점을 유도하며 서울브랜드에 응모할 것을 달달하게 유혹하고 있었습니다.

당시 과장님은 동료 카피라이터의 방향이 좋겠다고 했습니다. 그때 포기했으면 아마도 동료의 안이 나갔겠지만 그럴 수 없었습니다. 숙명여대를 나오진 않았지만, 카피라이터란 직업은 아이디어를 끊임없이 내놓아야 하는 게 숙명이니까요.

관점을 완전히 달리해보기로 했습니다. 서울브랜드에 대한 틀을 벗어나 보기로 했습니다. 서울브랜드를 설명하려 하고 거기에 매몰되다 보면 시민의 마음과 멀어지게 된다는 걸 뒤늦게 깨달았습니다.

결국은 문제의 기준을 어디에 둘 것이냐였습니다. 이런 상황에서 서울브랜드가 중요하다, 꼭 응모하라고 아무리 외쳐봐야 공염불이었습니다. 서울브랜드 시민공모를 어떻게 알릴 것인가가 아니라 '시민들은 아예 관심이 없다'가 문제의 출발점이 되었습니다.

한 줄을 추출하기 위한 생각의 과정을 정리하면 다음과 같습니다.

개념	100% 시민의 참여로 만들어가는 서울브랜드.
문제	시민은 서울브랜드, 서울시 홍보물 등에 관심이 없다. 시민이 참여해야 할 명분이나 혜택이 부족하다. 서울브랜드의 의미가 어렵다.
해결 방안	서울브랜드에 대한 구구절절한 설명이나 이성적 참여 요구 배제. 서울브랜드가 아니라 공무원에 대한 시민의 인사이트를 반영. * insight 1: 시민은 공무원에 반감이 많다. * insight 2: 공무원이 만드는 서울브랜드는 참신하지 않고 딱딱할 것이라는 인식이 많다. * Creative cue: 셀프디스(공무원 스스로를 낮추어 시민의 관심과 공감을 끌어낸다).
한 줄	"공무원이 만들면 안 봐도 비디오."

물론 반드시 이런 도식적인 흐름을 거쳐야 근사한 한 줄 아이디어가 나오는 것은 아닙니다. 이런 흐름이 없어도 아이디어가 자유롭게 '툭!' 나오는 사람이 있고, 이런 흐름을 거친 후에야 아이디어가 나오는 사람도 있습니다. 사람마다 다른 것은 물론이고 같은 사람이라도 상황에 따라 다를 수 있습니다. 단, 아이디어가 먼저 나오는 경우라도 향후 따로 정리해두는 것이 중요합니다. 본인의 아이디어가 전략적인지를 돌아볼 수 있는 체크리스트가 되고, 전략적 사고를 지속하기 위한 기초공사이기 때문입니다. 직장인이라면 동료 및 상사에게 보여주기 위한 흐름으로써도 꼭 필요합니다.

다리 아픈 길
순천만 생태공원의 솔직한 자기고백

○○○

몇 년 전 가족과 함께 순천만 생태공원을 여행한 적이 있습니다. 해가 지기 전에 어마어마하게 큰 그곳을 대충이라도 돌아보려 바삐 이동하던 중 한 팻말에 써 있는 한 줄이 저를 도발했습니다. 다리 아픈 길. 팻말 뒤로는 안 그래도 아픈 다리가 보기만 해도 더 아파지는 경사길이 떡하니 버티고 있었습니다. 그럼에도 불구하고 '피식~' 웃음이 나왔습니다. 저뿐만이 아니었습니다. 지나가는 사람들마다 그 팻말을 보며 웃었습니다. 다리 아픈 건 분명 힘들고 괴로운 일인데 왜 웃음이 나는 걸까요?

평범한 한 줄이라면 이랬을 것입니다.

[B코스] "이 길은 험하니 노약자는 삼가주세요."

맞는 말이지만 감흥이 전혀 없습니다. 관공서에서 하는 당연한 잔소리이고 어느 공원에서나 볼 수 있는 패턴이기 때문입니다. 다리 아픈 길엔 잔소리가 없습니다. 겨우 다섯 자에 불과하지만 이 길이 사람들에게 전하고 싶어하는 수많은 이야기가 담겨 있습니다. '자신 있으면 도전해 보시든가.' '도전했다가 다리 아프면 책임 못 지지만.' '다만 이 길 끝까지 간다면 그때 흘린 땀은 참 행복할 거야.' '내 이름을 보며 즐거웠던 기억 잊지 말아줘.' '그렇게 사소한 행복이 진짜 행복이야.' 물론 사람마다 받아들이는 게 다르겠지만 큰 맥락은 비슷하지 않을까요?

순천만 생태공원에는 이외에도 스토리텔링이 담긴 재미있는 한 줄이 많습니다. 우체통도 두 가지였는데 느림보 우체통, 빠른 우체통입니다. 우편물은 빨리 도착해야 최고라는 생각도 어찌 보면 편견입니다. 급하게 전해야 할 뚜렷한 이유가 없다면 천천히 배달되는 것도 보내는 사람은 물론 받는 사람에게도 특별한 추억이 될 수 있습니다. 느림보 우체통은 원하는 날짜에 배달해주는 것이 포인트입니다. 물론 이 우체통이 운영되는 기간 동안이겠지만.

화장실 이름 중엔 마지막 화장실도 있습니다. '더 이상 가면 화장실이 없으니 꼭 들르세요' 라는 메시지가 숨어 있습니다. 다른 화장실들을 떠올려보세요. 이름은 그냥 화장실이고, 저런 안내는 팻말에나 쓰여 있는 경우가 대부분 아닌가요. 팻말조차 없어 나중에 길에서 다리를 꼬게 만들거나.

이런 한 줄도 눈에 띕니다. 무단투기 금지_순천만은 후손에게 잠시 빌려온 것입니다. 어설픈 한 줄이라면 "무단투기 금지_자연을 지켜 후손에게 물려줍시다" 정도 아닐까요? 후손을 생각하여 자연을 지키자는 맥락은 동일하지만 표현의 각이 완전히 다릅니다. '무단투기 금지'만 놓고 보면 전형적인 관공서 냄새가 나지만 그 뒤를 받쳐주는 한 줄의 힘이 워낙 좋아 마음에 와닿습니다.

아이디어를 보탠다면 "무단투기 금지" 대신 "함부로 버리지 마세요!"라는 구어체로 딱딱함을 덜었으면 좋겠습니다. 동심에 초점을 맞춘다면 "함부로 버리면 자연이 아야 해요" 정도도 괜찮겠죠. 같은 문구를 동시다발적으로 강조하는 것도 좋지만 같은 맥락이라면 이렇게 버전을 다르게 하는 것도 좋은 효과를 거둘 수 있습니다. 단, 이 경우 함부로 버리지 말라는 메시지는 앞단에 공통으로 들어가면서 변화를 주어야 일관성을 유지할 수 있습니다.

나무에 대한 한 줄도 재미있어요. 이곳에 가장 먼저 옮겨진 소나무인 지구의 정원 1번 나무, 벼락을 두 번 맞고도 100년 넘게 살고 있다는 근심 먹는 은행나무, 집주인이 건물을 짓느라 베려고 한 나무를 살려내어 5분만 늦었어도 잘려나갈 뻔했다는 5분 전 은행나무.

이렇게 재미있는 스토리가 한 줄에 녹아 꾸러미로 전파되고 확산될 때 사람들의 주목을 유도함은 물론 그 도시의 가치까지 올라가게 됩니다. 물론 알맹이가 실해야 하는 것은 기본이고요.

자료를 보니 순천시는 용역을 통해 순천만 생태공원에 대한 전반적인 스토리텔링을 진행한 듯합니다. 민간과 공공을 거친 저의 경험으로 볼 때 공공기관과 일하는 것은 결코 쉽지 않습니다. 민간에 비해 보고 과정도 복잡하고 하나의 사업이라도 여러 부서가 공조하는 경우가 많아 홍보에 대한 관점도 제각각입니다. 의견이 하나로 정리되기 어렵습니다. 자칫 민원이 들어오거나 국회나 지자체 의회 등에서 난타당할 수 있어 공무원 입장에서는 최대한 무난한 것을 선호합니다. 게다가 중간에 민간 자문위원들의 의견까지 수렴하다 보면 배가 산으로 가는 상황도 생기곤 합니다. 어쩔 수 없는 한계입니다.

세계광고제에서 유수의 상을 타면서 유명해진 모 아트디렉터는 이러한 공공기관의 생리를 잘 알고 대처합니다. 그래서 그가 공공기관과 일할 때 사전에 그런 복잡한 절차를 생략하고 최고책임자(시장, 청장 등)에게 최종 안을 제시합니다. 워낙 당당하게 밀어붙이기에 어지간하면 통과됩니다. 웬만해선 수정도 허용하지 않습니다. 이는 그의 네임밸류와 '아니면 안 하겠다'는 소신 때문에 가능한 일입니다. 아무나 되는 것은 아닙니다. 오늘도 수많은 공공기관에서 일하며 쓴웃음을 삼켜야 하는 분들에게 위로의 박수를 보냅니다. 저 또한 현재는 공공기관의 일원으로서 '누군가에게 상처 주는 일은 없어야 할 텐데' 하는 조심스러움과 함께.

웰콤이라는 광고회사 사례가 떠오르네요. 광고주가 수정을 요청하면 "저희 ○○○ 선생님께서 고치지 말라고 하셔서……"가 답인 적도 있었다고 합니다. 여기서 말하는 선생님은 당대 웰콤이라는 회사를 움직였던 3인의 광고명장 중 한 분이었으리라 추측합니다. 좋은 한 줄은 우선 만드는 사람의 역량과 소신이 가장 중요합니다. 그리고 이를 평가하고 결정하는 사람이 따로 있다면 이 사람의 보는 눈과 더 나은 안으로 발전시켜줄 수 있는 역량 또한 중요합니다.

소니보다 재미없는 제품을 만들어 죄송합니다
극단적 자학으로 극적 반전! 세가

○○○

내가 남보다 못하다는 말은 엄청난 용기를 필요로 합니다. 개인도 힘든데, 회사 차원이라면 말할 것도 없죠. 자사 브랜드를 경쟁사보다 못하다고 주장하는 것은 자존심 차원을 넘어 자칫 스스로를 영원한 이류로 셀프 감금하는 꼴이 될 수도 있기 때문입니다. 앞에서 살펴보았던 에이비스는 2등입니다와는 차이가 있습니다. '재미없다'는 말은 에이비스의 시장 점유 수준과는 달리 가장 중요한 제품력이 떨어진다는 고백입니다. 소비자의 선택 기준에서 불합격이라는 역린을 스스로 건드리는 훨씬 위험한 모험입니다. 갈 데까지 가자는 거죠.

이러한 모험을 용기 있게 시도하여 성공한 사례가 있습니다. 바로 일본의 게임기 기업 세가(SEGA)의 한 줄입니다. 소니보다 재미없는 제품을 만들어 죄송합니다. 1990년대 후반 가정용 게임기 시장에서 세가는 소니와 닌텐도에 밀려 고전해왔습니다. 백약이 소용없었습니다. 경쟁사인

소니의 플레이스테이션에 비해 재미가 없어 외면받았고, 제품이 그 모양이니 광고를 해도 효과가 없었습니다.

세가가 재미없다는 건 감추고 싶어도 감출 수 없는 사실이었습니다. 바닥까지 내려온 것입니다. 세가는 이를 좌절의 평계가 아닌 역전의 기회로 삼았습니다. 드림캐스트라는 야심찬 신제품을 준비했고, 실제 임원인 유카와 전무를 광고 캠페인에 등장시켜 반전을 꾀했습니다.

광고의 내용은 대략 이렇습니다. 세가의 유카와 전무가 차를 타려다 초등학생들의 대화를 듣게 됩니다. "세가 제품은 따분하고 재미없어. 소니 플레이스테이션이 훨씬 재미있어." 회사로 돌아온 전무가 직원들에게 그 말이 맞느냐고 물어보니 다들 시선을 피합니다. 퇴근길 울적한 마음에 술 한 잔 걸친 유카와 전무. 비틀비틀 걸어가다 덩치 큰 남자들과 어깨를 부딪칩니다. 엉망이 된 얼굴로 귀가한 그에게 어디선가 들려오는 목소리. 일어서, 유카와 전무!

이외에도 시리즈 광고로 계속 이어졌는데, 상황은 제각각 다르지만 전반적인 메시지는 소니보다 재미없는 제품을 만들어 죄송하다는 것이었습니다. 다만 거기에서 그치면 회복할 수 없는 자학에 그칠 뿐이죠. 변화가 있어야 합니다. 절대적인 열세를 극복하기 위해 절치부심하여 드림캐스트라는 신제품을 만들었으니, 꼭 성공할 수 있도록 도와달라는 광고가 뒤따랐습니다. 실제로 드림캐스트 첫 판매가 이뤄진 아키하바라의 세가 매장에는 전날 저녁부터 장사진을 이루면서 첫날 18만 대

판매에 54억 엔의 매출을 올렸다고 합니다.

먼저 가, 난 이미 틀렸어
상대 운전자의 호전성을 줄여주는 한 줄

○○○

우리 생활 속에서 쉽게 찾을 수 있는 셀프디스 사례로는 초보운전 스티커의 한 줄이 좋겠네요. '초보운전', '왕초보운전' 같은 평범한 한 줄은 더 이상 언급할 필요도 없겠죠. 누구나 다 쓸 수 있고 그만큼 면역되어 있으니까요. '빵빵 대면 지구 끝까지 따라간다', '운전 못하는 데 보태준 거 있수?', '알아서 피해라', '까칠한 아이가 타고 있어요' 등의 위협적 소구는 상대 운전자가 누구냐에 따라 더 큰 자극을 부를 수 있어 권장하지 않습니다.

셀프디스라 해서 상대 운전자가 꼭 이해해준다는 보장은 없지만, 사람의 마음을 누그러뜨리는 측면에서 더 효과적이란 사실은 부정할 수 없습니다. 먼저 가, 난 이미 틀렸어, 차라리 추월해주세요, 나도 내가 무서워요, 당황하면 후진해요, 운전을 발로 해서 죄송해요, 초보인데 말이나 탈걸 등은 이미 세상에 나온 유명한 사례입니다. 여러분이라면 어떤 한 줄로 초보운전임을 재치 있게 셀프디스하겠습니까? 제가 생각해본 한 줄은 저라고 이러고 싶겠습니까?입니다. 오죽하면 이러겠습니까?도 떠오르네요.

셀프디스는 잘 쓰면 효과적이지만 자칫 잘못 쓰면 가식이 되고 맙니다. 문제를 해결하는 게 아니라 그냥 주목만 받는 것으로 그친다면 안 하는 게 낫습니다. 남발해서도 안 되며 아무 상황에나 들어맞는 것도 아닙니다. 본질은 셀프디스 그 자체가 아니라 세상과 사람에 대한 솔직하고 겸손한 태도 아닐까요?

뻔하면 졸린다,
충격으로 깨워라

길에서 잠들면 영원히 잠들 수 있습니다
노숙인에게 관심을 갖게 한 한 줄

○○○

IMF의 찬바람이 불던 겨울, 서울역 지하보도를 지나던 길이었습니다. 말쑥한 차림의 부부가 지린내 자욱한 바닥에 은박매트를 펴고 있었습니다. 집에서 꼭 필요한 살림만 정신없이 챙겨 나온 듯 캐리어와 짐들로 가득했어요. 세상물정 모르는 아이들은 옆에서 공놀이를 하고 있었습니다. 충격이었습니다. 제가 알고 있던 노숙인의 이미지와 크게 달랐기 때문입니다. 노숙인은 특정한 사람이 아니라, 누구나 될 수 있다는 것을 눈으로 보고 깨닫게 되었습니다(물론 자의에 의해 노숙하는 사람은 별개로 하고 말입니다). 그땐 저도 매우 힘든 시기였습니다. 아무것도 해줄 수 없이 지나쳐야 하는 제 발걸음은 무거웠습니다.

몇 년 전 지하철 역사를 거닐던 중 또 한 번 충격적인 노숙인의 모습을 목격했습니다. 보따리 짐을 맨 여성 노숙인이 역사 구석에 은박매트를 펴고 있었습니다. 주변에 있는 남자들을 의식해서인지 처음이라는 낯섦과 두려움에 가득한 눈망울로 말입니다. 그 눈망울에 비춰진 서울이 제가 처음 상경했을 때 제 눈망울에 비친 서울과 닮아 보였습니다. 마침 노숙인 긴급콜 홍보 아이디어를 떠올리던 중이었습니다. 즉시 그곳에 연락해 조치를 취해달라고 요청한 후 자리를 떴습니다. 이후 그 노숙인이 어떻게 되었는지는 알 수 없습니다.

노숙인 긴급콜은 일반적인 노숙인을 대상으로 하는 것이 아닙니다. 여성 노숙인, 아이를 동반한 노숙인, 위험에 빠진 노숙인을 시민이 신고하면 쉼터로 안내하거나 응급처치를 하는 등의 구호조치를 합니다. 이에 대한 홍보 포스터를 만들어야 하는데 아이디어가 떠오르지 않아 고민이었던 거죠. 그러던 차에 여성 노숙인을 보게 되었고, 그 경험이 IMF 때 목격한 가족에 대한 기억으로 연결되면서 아이디어가 풀리기 시작했습니다. 그렇게 만들어진 한 줄은 <u>길에서 잠들면 영원히 잠들 수 있습니다</u>였습니다.

이 포스터가 지하철 역사 등에 부착된 후 SNS에서의 반응은 뜨거웠습니다.

명카피! 이보다 더 경각심을 깨우는 광고가 있을까? (chb****)

이 포스터를 보았다. 읽고 또 읽으면서 사진을 찍었다. (dbr**)

진지한 포스터인데 새벽에 보니 웃음이 나왔다. (mon****)

친구가 나를 위한 포스터래! (hop****)

웃음이 나면서도 가슴은 서늘하다. (crea****)

동사하는 사람이 있으면 안 되겠기에 포스터 사진을 찍었습니다. (lon****)

길에서 잠들지 마세요. 요즘 정말 위험합니다. (jsh****)

곰돌이 인형아 길에서 자지 마요! (is4****)

이건 단순히 노숙인만을 위한 포스터가 아니었다. 술 먹고 아무데서나 잠드는 친구들에게 사진을 전송했다. (mmm****)

나름 코믹하게 잘 만든 것 같아요. (ayd****)

혹시 모를 경우를 대비해 번호를 저장해놨어요. (ihu****)

포스터에 마음이 가 찍어봤습니다. (whi****)

지하철 타고 가는데 내 미래를 봄. (kow****)

전철을 타려는데 글귀가 눈에 들어오네요. (jun****)

숙련된(?) 노숙인이 아닌 초보 노숙인이나 연약한 노숙인일수록 더욱 위험한 것은 무얼까요? 겨울철 추위로 인한 동사입니다. 이 포스터도 겨울철에만 부착되었습니다. 여성 노숙인의 경우 동사만 무서운 게 아니죠. 성범죄 위험도 무시할 수 없습니다. 아이를 동반한 노숙인의 경우도 불안한 건 마찬가지입니다. 노숙인 중에는 시설 입소를 거부하는 경우도 많지만 어디에 시설이 있는지, 어떤 도움을 받을 수 있는지 모른 채 길바닥에 방치되는 경우도 많습니다. 이를 해결해주는 포스터가 필요한 이유였습니다.

이 포스터의 타깃은 누구일까요? 노숙인이 아니라 일반 시민입니다. 신고가 목적이기 때문입니다. 무심하게 포스터 곁을 스쳐가는 일반 시민을 겨냥한 한 줄이 "위험에 빠진 노숙인은 아래 번호로 신고해주세요." 정도라면 어느 누가 관심을 가질까요? 게다가 포스터는 이미 사람들이 눈길조차 주지 않는 전통 매체입니다. 이를 해결하기 위한 여러 방법이 있겠지만 가장 좋은 건 주의를 환기할 수 있는 충격적인 한 줄입니다.

다만 충격에도 여과장치가 필요합니다. 동사 등으로 인해 사망에 이를 수 있다는 메시지를 그대로 내보내면 오히려 외면당합니다. 포장이 안 된 '날것 그대로의 충격'은 안 하느니만 못하므로, 길에서 영원히 잠들 수 있다는 표현으로 순화한 것입니다. 다만 이 한 줄 역시 위협의 수위가 여전히 높았습니다. 그런 이유로 노숙인의 이미지를 넣는 대신 곰인형으로 대체하여 이를 상쇄시켰습니다.

왜 사니?
새로 생긴 인성수련원을 확 띄워준 한 줄

○○○

광고회사에 다닐 때의 일입니다. 아르바이트 건 하나가 들어왔습니다. 신문광고에 내보낼, 어느 인성수련원의 한 줄을 뽑아내는 일이었습니다. 지금은 많이 없어졌는데, 그때만 해도 성격 변화, 정신 개조 등을 목표로 고객을 모으는 수련원이 많았습니다. 내게 아르바이트를 의뢰한 디자인회사 대표로부터 해당 수련원의 프로그램 내용이나 시설, 자연환경, 원장 약력 등에 대한 이야기를 들었습니다. 이렇다 할 차별점은 없었습니다. 사실 여기가 아니더라도 대부분의 수련원이 표현만 조금씩 다를 뿐 "이곳에 오면 확실히 변합니다" 같은 문구를 한 줄로 내걸고 있었습니다. 덧붙여 우수한 시설, 혁신적 프로그램 등을 강조하는 잡다한 한 줄이 변화의 근거로 제시되고 있었습니다.

저는 그런 방식의 한 줄은 기사더미에 묻힐 것으로 판단했습니다. 신문의 목적은 기사를 보기 위함이지 광고를 보기 위함이 아니기 때문입니다. 늘 보는 익숙한 자기자랑은 기사를 읽으려 신문을 집어든 독자의 시선을 사로잡을 수 없습니다. 그렇다면 어떤 한 줄을 내세워야 할까요? 인성수련원에 가야 할 사람들이 좀 더 많이 고민해봤을 법한 화두가 무엇인지를 생각해봤습니다. 그들이 인성수련원을 찾는 이유, 혹은 가야 할 이유는 '산 좋고 물 좋은 곳에서 며칠 수련하면 나아지겠지' 하는 원론적인 기대감은 아니었습니다. 여러 화두가 있겠지만 '왜 사는지'에 대한 근본적인 의문이 가장 크다고 판단했습니다.

이렇다 할 답을 내기 어렵기 때문입니다(태어났으니까 사는 것이라거나 살아야 되니까 사는 것이라는 뻔한 답은 제외하고). 사람이라면 누구나 한 번쯤은 품어봤을 법한 의문을 한 줄에 반영한다면 인성수련원의 격도 올라갈뿐더러 구차한 자기자랑을 늘어놓지 않아도 된다는 판단이 들었습니다.

그렇다고 해서 "왜 사는지에 대한 의문을 풀려면, ○○인성수련원으로 오십시오"가 한 줄이 될 수는 없었습니다. 이는 한 줄을 뽑아내기 위한 전 단계이자 생각의 단초일 뿐 완성된 한 줄로 보기엔 부족했습니다. 안타깝게도 대부분은 여기에서 멈추고 이를 한 줄로 규정하는 우를 범합니다. 한 단계 더 나아가야 합니다. 다소곳한 호소가 아니라 뒤통수를 툭 치는 방향, 타깃을 움찔하게 도발하는 방향으로 다듬었습니다. 이를 실현하기 위해 가장 효과적인 방법은 '압축'입니다. 왜 사니? 의문형의 세 글자로 압축하여 한 줄로 내세웠습니다. 그리고 그 아래 이 질문에 대한 답을 3초 안에 할 수 없다면 ○○인성수련원으로 오십시오라는 한 줄을 덧붙였습니다.

이렇게 완성된 한 줄 꾸러미를 디자인회사 대표에게 보여주었습니다. 눈이 휘둥그레지는 게 느껴졌습니다. 한 줄을 반영한 디자인 시안까지 일사천리로 완성됐습니다. 문제는 그다음부터였습니다. 시안을 들고 방문했는데, 한 줄을 바라보는 인성수련원 대표의 표정이 난감해 보였습니다. 아무래도 새로 시작하는 수련원이면서, 알리고 싶은 장점도 많은데 이런 파격적인 한 줄이 과연 도움이 될까, 부담스러워하는 눈치였습니다. 까딱하면 무난한 한 줄로 수정해야 하는 상황……. 기지를 발휘

했습니다. 대뜸 "왜 하니?" 하고 수련원 대표를 빤히 쳐다봤습니다. 불의의 일격을 당한 수련원 대표는 황당한 표정으로 절 바라봤습니다. 전 겸손한 자세로 전환하여 "왜 하냐고요?"라며 다시 물었고, 대표는 "무슨 말인지?" 하고 반문했습니다. "인성수련원을 왜 하냐고요? 결국 왜 사는지에 대한 근본적인 문제에 해답을 주기 위한 거 아닙니까? 아무도 안 건드린 금쪽같은 한 줄을 버리고 왜 뻔한 이야기만 하려고 하세요?" 하고 집요하게 되물었습니다. 수련원 대표는 아무 대답도 하지 못했습니다. 다만 제가 그렇게 질문했던 이유에 대해서는 알아듣는 듯한 표정이었습니다.

며칠 후 신문을 펼쳐든 제 입가엔 살짝 미소가 맴돌았습니다. 제가 제시한 한 줄이 그대로 반영된 것입니다. 그 후 더 즐거운 소식이 날아들었습니다. 예상했던 인원보다 두세 배 넘게 신청이 쇄도했다는 소식입니다.

엄마 가지 마
아이를 놓고 돌아선 미혼모의 발길을 멈추게 한 한 줄

○○○

베이비박스, 들어본 적 있습니까? 미혼모나 사정상 아기를 키울 수 없는 산모가 아기를 화장실이나 길에 유기하는 일이 많아지면서 이를 해결하기 위해 민간에서 만든 시설입니다. 미혼모가 아기를 보관함에 두면 알람이 울리게 되어 있어, 담당자가 신속하게 보호조치를 하게 됩니다. 아기는 일정 기간 지낸 후 계속 그곳에 머물거나 입양시설, 보육시설 등으로 보내집니다.

취지도 좋고 많은 아기들을 위험에서 구했지만, 안타깝게도 법적 문제가 있었습니다. 시설 자체가 또 하나의 유기를 조장한다는 주장도 만만치 않았습니다. 저는 이런 모든 문제에 대한 선행학습을 한 후, 서울시청 홍보담당자로서 그곳을 방문했습니다. 과연 이곳에 아기를 놓고 돌아서는 게 최선의 방법인지 생각해보도록 하기 위한 한 줄을 만들기 위해서였습니다. 정상 절차를 통해 당분간 아기를 키우거나, 공식 입양 수속을 받도록 돕는 전화번호 안내도 포함되었습니다. 하지만 대부분의 미혼모들이 신고를 꺼리는 이유는 신분 노출과 미혼모에 대한 편견 때문입니다. 이 문제를 해결하지 않고는 사실 홍보 자체가 무의미한 일이었습니다. 하지만 어쩌겠습니까. 어떻게든 문제 해결에 조금이라도 도움을 주는 한 줄을 만들어야 하는 상황이었습니다. 그런 사명감으로 방문한 그곳에서 우연히 충격적인 편지를 발견했습니다.

누군가 아기와 함께 놓고 간 편지가 아직 파일에 들어가기 전이었는데, 편지 내용을 요약하면 이랬습니다. 모르는 남자에게 성폭행을 당해 임신하고 출산까지 하게 되었지만, 아기가 정말 불쌍하고 엄마로서 애정이 간다, 부디 이 아기를 잘 키워달라는 사연이었습니다. 꼭꼭 눌러쓴 손글씨, 두어 장에 이르는 긴 사연, 익명으로 미루어 결코 거짓말이 아닌 그 사연을 읽고 눈물을 쏟았습니다.

아기와 산모에 대한 안타까움은 기본이고, 성폭행을 당해서 낳게 된 아기에게 품은 위대한 모성 앞에 한없이 숙연해졌기 때문입니다. 모든 미혼모가 그런 심정을 갖는 것은 아니겠지만 어쨌든 '모성'은 한 줄을 낳기 위한 결정적인 단초가 되어주었습니다.

먼저 화자가 누구인지를 설정하는 것이 중요하다고 판단했습니다. 베이비박스나 서울시의 입장에서 한 줄을 전한다면 관례적인 문구가 될 가능성이 높습니다. 다른 화자로 설정해야 했습니다.

타깃을 누구로 하는가도 화자 못지않게 중요합니다. 만약 당신이 '미혼모가 타깃 아닙니까?' 하고 되묻는다면 반은 맞고 반은 틀렸습니다. 타깃을 '미혼모'로 규정짓기보다 '엄마'라고 규정짓는다면 훨씬 더 많은 아이디어가 나올 테니까요. 앞에서 언급한 대로 '모성'과 결부시킬 수 있기 때문입니다.

엄마를 타깃으로 한다면 화자는 누가 되는 게 좋을까요? 두말할 것 없이 아기입니다. 엄마가 산통을 겪고 낳은 아기입니다. 그런데 아기가 말을 할 수 있을까요? 할 수 없다는 고정관념 때문에 아기를 화자로 생각하지 못할 수도 있습니다. 그런 고정관념은 깨줘야 맛입니다. 한 줄에 담을 수 있는 상상의 척도엔 한계가 없는 법이니까요.

그렇게 해서 탄생한 한 줄이 엄마, 가지 마였습니다. 아기의 입장에서 자신을 베이비박스에 놓고 가는 엄마에게 마지막으로 호소하는 한 줄이었습니다. 그 아래에는 아기를 이곳에 맡기는 것이 최선인지 다시 한 번 고민해보십시오라는 보조하는 한 줄과 함께 전화번호 안내도 덧붙였습니다. 베이비박스 운영자도 좋아했던 한 줄이지만 안타깝게도 이 한 줄은 빛을 오래 보지 못했습니다. 지나친 감정 호소로 역효과를 부를 수 있다는 어느 시민단체의 우려 때문이었습니다. 이슈가 되는 한 줄보다는 뒷말이 안 나오는 한 줄로 안전하게 가려는 습관이 사람들의 심리에 많이 남아 있습니다. 그런 한 줄이 아무 효과도 보지 못한 채 제작비와 부착 비용만 날린다는 생각은 하지 않고 말입니다.

사람의 마음을 움직이는 한 줄을 쓰고 싶다면 타깃을 바꿔보세요. 화자를 바꿔보세요. 관점을 바꿔보세요. 감정에 호소해보세요.

생명보다 소중한 볼거리는 없습니다
스몸비족의 발길을 멈추게 한 한 줄

○○○

고개 숙인 사람들이 많아졌습니다. 앞만 보고 숨 가쁘게 달려왔던 대한민국이 여유를 찾은 걸까요? 순국선열과 호국영령에 대한 애도일까요? 아닙니다. 스마트폰을 보느라 그렇습니다. 게다가 보면서 걷는 묘기까지! 이름 하여 스몸비족! 인도에서는 사람과 부딪히는 수준이지만 차도로 잘못 내려가면 차와 부딪힐 수 있습니다. 참사 예약이죠. 맨홀에 빠지거나 돌부리에 걸릴 수도 있습니다.

눈이 이마에 여분으로 달린 것도 아닌데 왜 그렇게 스마트폰에 눈을 봉헌하는 걸까요? 자극적이기 때문입니다. 스마트폰으로 보는 드라마, 영화, 뮤직비디오 등은 한순간도 눈을 뗄 수 없게 합니다. 잠시만 고개를 돌려도 주요 장면이 휙 지나가버릴 수 있으니까요.

이러한 문제를 해결하기 위해 누군가는 고민을 합니다. 일례로 광운대 공공소통연구소에서는 서울시청 뒤편 건널목에 스티커를 부착하여 주목을 받은 적이 있습니다. 스몸비족에 대한 금지 표시와 함께 "너와 나의 안전을 위한 작은 실천 – 보행 중 스마트폰 잠시 멈춤"이라는 한 줄이었습니다. 제 기준으로 보면 공공소통연구소의 다른 우수한 작품들에 비해 다소 호소력이 떨어졌습니다. 왜일까요? 아마 연구소 측에서는 길거리라는 환경에서 문자보다 시각적 인지가 더 잘되는 픽토그램을 위주로 하여 즉각적인 효과를 거두고 싶었을 것입니다. 하지만 픽토그램 내용이나 "보행 중 스마트폰 잠시 멈춤"이라는 한 줄은 단순히 '스마트폰을 보며 걷지 마라'는 계도형 메시지였다는 게 문제입니다. 이미 익숙합니다. 단지 그것이 발밑에 잘 보이게 붙어 있다고 해서 관심을 유발하거나 행동을 변화시키기엔 역부족입니다.

스마트폰을 보면서 걷는 게 위험하다는 걸 전혀 모르는 사람이 타깃이라면 효과적일 수 있으나 거의 모두가 '위험함에도 불구하고' 본다는 게 문제의 핵심입니다. 잠깐! 또 짚고 넘어갈 게 있습니다. 한 줄은 만능이 아닙니다. 아무리 강력한 한 줄을 붙이더라도 스마트폰에 중독된 이들의 행동을 단번에 변화시키기엔 무리가 따릅니다. 여기서의 목표는 '한 번쯤 생각해보게 하는 한 줄', '회자되면서 사람들의 공감을 사고, 공론의 장으로 끌어들이는 한 줄' 정도로 수위를 낮춰야 합니다.

<u>생명보다 소중한 볼거리는 없습니다</u>는 그런 이유로 만들어본 한 줄입니다. 스마트폰을 보면서 걷는 건 볼거리 때문입니다. 볼거리가 무엇보다 소중하단 이야기죠. 그렇다면 볼거리보다 더 소중한 걸 말해주면 어떨까요? 그게 뭘까요? 연구소에서 만든 스티커에서 이야기했던 '안전'일까요? 조금 약하고 식상합니다. 그것보다는 '생명'이 좋습니다. 생명을 잃는다면 그렇게 좋아하던 볼거리를 더 이상 볼 수 없게 되니까요. '볼거리도 중요하지만 생명이 더 중요하다'라는 메시지를 유의미한 한 줄로 변화시켜 보았습니다.

픽토그램을 더한다면 머리 둘레에 오로라 표시가 된 채로 걷는 스몸

비족은 어떤가요? 죽은 줄도 모를 정도로 스마트폰에 열중하는 스몸비족을 표현한 것입니다. 살짝 심각했던 한 줄이 픽토그램의 익살 덕분에 유쾌해질 수 있습니다. 앞에 설명했던 "길에서 잠들면 영원히 잠들 수 있습니다-곰 인형"의 상관관계와도 일맥상통합니다. 그림과 한 줄의 보완관계를 꼭 염두에 두기 바랍니다.

이런 한 줄을 생각할 수도 있습니다. "스마트폰보다 기다리는 가족 얼굴이 최고의 볼거리!" 언뜻 괜찮게 보일 수 있는데 약점이 있습니다. 불특정 다수를 상대로 하는 길거리 스티커로는 조금 맞지 않습니다. 가족이 없거나 가족과 떨어져 살고 있는 사람도 생각해야 하기 때문입니다. 이걸 붙이는 주체가 누구인지도 중요합니다. 세금을 쓰는 관공서에서 하면 '가족 없다고 무시하냐?', '내 세금 쓰고 1인 가구 무시하냐?' 같은 공격을 받을 수도 있습니다. 이 경우 1인 가구 버전도 따로 만들어 나누어 붙이거나 날짜를 달리하여 붙이는 방법을 생각할 수 있습니다. 길거리 스티커가 아니라 매체를 달리하는 것도 한 방법입니다. 예를 들자면 부모 온라인 커뮤니티 등 타깃을 찾아가는 것입니다.

또 하나의 약점은 저렇게만 가면 전하고자 하는 메시지가 무엇인지 다소 불분명해 보인다는 것입니다. 일단 시선을 끌었으면 하단에 보조해주는 한 줄이 더 필요합니다. 당연히 직접적인 한 줄이 필요합니다. 예를 들면 "보행 중 스마트폰 주의" 같은 것입니다. 안타깝게도 공공기관에서 만드는 대부분의 한 줄은 보조하는 한 줄이 대표하는 한 줄 자리를 차지하는 경우가 많습니다.

깜빡 졸음, 번쩍 저승
졸음운전자의 뺨을 때린 한 줄

○○○

운전경력 10년이 넘는데도 가끔씩 졸음운전에 깜짝 놀랍니다. 언젠가 가족과 함께 고속도로를 타고 지방에 내려가던 중 저도 모르게 눈이 반쯤 감겼던 적이 있습니다. 그렇게 얼마간 주행 중 갑자기 누군가 제 뺨을 때렸습니다. 눈이 저절로 떠졌습니다. 도로에 붙어 있던 한 줄, 깜빡 졸음, 번쩍 저승 덕분이었습니다.

이 한 줄이 특히 위력적인 이유는 의태어+명사의 반복 구조를 취하면서 글자 수까지 맞춰 더 명료하게 와닿기 때문입니다. 만약 "깜빡 졸다가 번쩍 눈 뜨면 저승", 이렇게 길게 늘여 쓴다면 위력은 훨씬 감소합니다. 인터넷상에서 회자될 일도 없겠지요. 줄이고 또 줄이면 못 줄일 리 없건만 사람들이 제 아니 줄이고 줄일 게 없다 하는 건 아닌지 모르겠습니다.

뒤에 이어지는 한 줄 또한 충격적입니다. 운전 중 전화, 저승사자와 통화. 이 한 줄은 '통화'라는 개념을 통해 멀게만 느껴졌던 저승사자, 죽음을 더 가까이 느끼게 합니다. 단순히 겁만 주는 충격이 아니라 친근함이 느껴져 좋습니다.

만약 이렇게 쓰면 어떨까요? "운전 중 통화는 사망을 초래합니다." 얼마나 재미없는지는 이미 여러분의 표정이 말해줍니다. '사망'보다 '저승'

이 친근한 이유는 무엇일까요? 예부터 내려오는 스토리의 친근한 소재이기 때문입니다. 건조한 충격을 주기보다 웃고 넘어갈 수 있게 부드러운 충격을 주는 게 중요합니다.

이 한 줄의 또 다른 매력은 머릿속에 그림도 그려지고 어떤 통화를 나눌지 스토리도 무궁무진하게 나올 수 있다는 점입니다. 제 머릿속에 떠오른 스토리는 아래와 같습니다.

"여보세요?" "응 나 보고 싶었구나?" "누구세요? 제 친구 ○○○ 전화 아닌가요?" "아직 여기 올 때가 아닌데 자꾸 나를 부르니 지금 찾아감세. 전화 끊지 말고 기다리게." "여보세요~ 여보세요~ 으아악~!"

여러분이 만약 운전 중 통화를 한다면 저승사자와 어떤 대화를 나눌지 생각해보세요. 그런 생각이 한 줄을 만들기 위한 유연한 사고에 큰 도움이 됩니다.

이런 한 줄도 있습니다. 졸음운전, 종착지는 이 세상이 아닙니다. 이 한 줄이 매력적인 이유는 종착지가 어디인지에 대한 답을 운전자에게 내도록 하는 재치 덕분입니다. 만약 "졸음운전, 종착지는 저세상입니다" 하고 결론을 제시해버리면 어땠을까요? 결론을 전부 보여주는 한 줄도 있겠지만 타깃에게 결론을 양보함으로써 더 힘이 붙는 한 줄도 있는 법입니다. 그때그때 상황에 맞게 취사선택하는 것이 좋습니다.

한 줄을 만들 때 명심할 점이 또 있습니다. 처음부터 좋은 한 줄을 뽑아내려 애쓰기보다 평범하고 재미없는 한 줄을 가정하고 써보는 것입니다. 이렇게도 써보고 저렇게도 써보세요. 예를 들면 이렇습니다.

"졸음운전은 사망을 향합니다."

"죽음을 향한 질주, 졸음운전."

"눈이 무거우면 쉬어가세요."

저와 제 동료들이 한 줄을 만드는 과정을 오랜 기간 경험하고 지켜본 바에 따르면, '이건 평범한 한 줄이야' 하고 의식하면서 쓴 한 줄은, 별 생각 없이 '이 정도면 됐어' 하고 썼을 법한 한 줄과 같은 경우가 많았습니다. 누구나 쉽게 쓸 수 있는 한 줄, 고민의 깊이가 덜한 한 줄, 유연함이 부족하고 경직된 한 줄, 본인만 만족하고 남에게는 와닿지 않는 한 줄에 그치지 않고 더 나아가기 위해 미리 자기검열을 하면서 쓰는 것이 좋습니다.

지금까지 '충격'을 통해 관심을 유발하는 한 줄에 대해 알아보았습니다. 그런데 제가 여러분에게 이야기하고 싶었던 것이 '충격'일까요? 아무리 짧은 한 줄에도 많은 내공이 담겨 있습니다. '충격' 하나만으로 한 줄을 설명할 수는 없습니다. 또 다른 배움의 요소들이 엮여 있습니다. 고속도로에서 만난 한 줄들을 보더라도 스토리텔링은 물론 타깃에게 결론을 양보하는 방법까지 '충격'과는 관계없는 것들을 짚고 넘어갈 수 있으니까요.

모든 것은 연결되어 있습니다. 다른 장에서도 마찬가지입니다. 장의 테마가 충격이라 하여 충격만이 해결책은 아닙니다. 그 안에 담긴 예시에서 또 다른 것까지 익히며 넘어갈 수 있도록 노력해보시기 바랍니다.

경쟁심을
자극하라

관리비, 왜 우리가 더 내?
눈먼 아파트 관리비에 눈뜨게 해준 한 줄

○○○

아파트 관리비의 굴욕입니다. 모든 아파트 관리 주체가 그런 것도 아닌데 눈먼 돈, 줄줄 새는 돈의 대표격이 되었으니까요. 결국 시민이 눈을 뜨고, 시민의 힘으로 비리를 막는 것이 중요해졌습니다.

서울시에서는 '맑은 아파트 만들기'라는 이름으로 입주민과 함께 아파트 관리비 문제를 해결하는 정책을 시행 중입니다. 이 정책의 홍보와 관련하여 제가 만들어 선정된 한 줄은 관리비, 왜 우리가 더 내?였습니다. 주변 아파트 관리비와 비교할 수 있도록 홈페이지를 개설하여 아파트 관리비의 중요성을 인식하고 주민 스스로 관리비 비리 척결에 관심을 갖게 하자는 취지였습니다.

"아파트 관리비, 제대로 내는지 확인해보세요"였다면 어땠을까요? 사실을 정확하게 전달하고는 있지만 맹숭맹숭합니다. 홈페이지 접속을 유도하기도 쉽지 않습니다. 굳이 확인하고 싶지 않기 때문입니다. 하지만 내가 더 내고 있는 건 아닐까 하는 의문을 갖게 하면 이야기가 달라집니다. 온라인에서 몇 천 원짜리 물건을 살 때도 50원이라도 더 싼 쇼핑몰을 선택하는 마당에 조금 내도 될 관리비를 더 내고 있을지 모른다는데 어찌 태평할 수 있겠습니까?

또 다른 한 줄은 관리비도 내 돈입니다. 지금까지 관리비는 매달 내야 하는 돈이고, 관리사무소에서 알아서 쓰겠지 하고 맡기는 게 관례였습니다. 관리사무소로 넘어가는 순간 남의 돈이라고 생각합니다. 하지만 관리비는 내 돈입니다. 나를 위해, 주민을 위해 잘 쓰라고 내는 것입니다. 세금과 마찬가지입니다. 혈세를 낭비하는 공무원 이야기가 나오면 핏대를 올리면서 왜 관리비에 대해서는 침묵하는 걸까요? 세금도 내 돈이고 관리비도 내 돈이라는, 어찌 보면 당연하지만 잊고 있던 사실을 다시 한 번 부각해주는 것이 중요합니다.

만약 "관리비도 내 돈처럼 생각해주세요!" 했다면 밋밋했을 것입니다. 길게 늘여 쓸 필요 없이 '짧게!' 그리고 'OO는 OO다!'의 형식으로 정의를 내리는 것이 훨씬 효과적입니다.

옆집 송영감도 먹더라
"아니~ 뭐야?"를 이끌어낸 한 줄

○○○

앞집이 아닙니다. 옆집입니다. 앞집은 길 건너이고 옆집은 담 하나 두고 붙어 있습니다. 앞집은 눈앞에 있으니 어느 정도 상황 파악(?)과 견제(?)가 가능하지만 옆집은 사각지대입니다. 주인 몰래 담 하나 넘는 건 일도 아닙니다. 그 옆집에 사는 송영감이 뭔가를 먹는다고 합니다. 누구라고 얘기 안 해도 화자를 알 수 있습니다. '이 집' 영감의 아내입니다.

'옆집 송영감도 먹는다고 송영감 마누라가 얘기해주더라'도 아닙니다. 옆집 송영감이 먹는답니다. '도대체 어떻게 알았을까?'라는 의문은 접어둡시다. 여기선 뭘 먹는지에 대한 이야기도 없습니다. 그렇지만 감기약이나 소화제 따윈 아닐 거라는 건 누구나 잘 압니다. 느낌으로 뭔지 압니다.

'이 집' 영감의 아내는 고단수입니다. 길게 이야기하지 않습니다. 남자 속을 제대로 뒤집을 줄 압니다. 질투심과 경쟁심을 자극할 줄 압니다. 고로 이 한 줄을 쓴 사람은 엄청난 내공의 소유자임에 틀림없습니다.

옆집 송영감이 먹는 이 약은 호랑이 뼈를 주재료로 만들었다는(?) '고호환'으로 1990년대를 풍미했습니다. 광고에는 관절염이나 신경통에 좋은 약으로 소개되지만 원래 호랑이 뼈는 정력제로 알려져 있습니다. 광고에는 대놓고 말할 수 없으니 재치 있는 한 줄로 돌려 이야기했습니다.

한 줄의 내공과는 관계없이 고호환은 가짜 호랑이 뼈로 만들었다 하여 철퇴를 맞기도 했고, 현재는 멸종 위기 동물인 호랑이 뼈를 약재로 쓸 수 없는 상황이라 이름만 고호환으로 명맥이 유지되고 있다는 점은 안타깝습니다. 좋은 물건, 누가 뭐래도 떳떳한, 대상에 맞는, 괜찮은 한 줄이 붙었으면 하는 바람은 욕심일까요?

질투심 자극과는 큰 관계가 없으나 "옆집 송영감도 먹더라"와 맥을 같이 하는 한 줄이 떠오릅니다. 남자에게 참 좋은데 뭐라 표현할 방법이 없네.

이익을
구체적으로 제시하라

원전 하나 줄이면 관리비도 줄어듭니다
행동을 이끌어내는 한 줄

○○○

'어렵다.' '무섭다.' '거부감 든다.' '내 얘기 아닌 것 같다.' 서울시 사업 중 하나인 '원전 하나 줄이기'를 두고 일반 시민이 갖고 있는 생각입니다. 원전 하나 줄이기란 원전 하나를 강제적으로 없애자는 의미가 아닙니다. 원전 하나가 생산하는 만큼의 에너지를 절약하여 원전 하나 줄이는 효과를 보자는 의미입니다. 이를 위해 태양광 발전시설을 아파트 베란다, 학교 옥상 등에 도입하도록 지원해준다거나 기존 형광등을 LED 전등으로 교체하는 등 시민 참여를 통해 에너지를 절약하거나 스스로 에너지를 만들어내는 사업입니다.

다만 이렇게 길게 자세히 설명해야 '원전 하나 줄이기'가 어떤 사업인지 겨우 이해할 수 있다는 게 문제입니다. 그렇다고 '에너지 아끼기' 등으로 이름을 바꿀 수도 없습니다. 이미 정해져 두루 쓰이는 이름이면서, 단순히 에너지 절약으로 한정 지을 수도 없는 광범위한 사업이면서 '탈원전'이라는 분명한 메시지가 담긴 이름이기 때문에 더더욱 바꿀 수 없습니다.

이 어려운 사업에 시민의 참여를 유도하는 한 줄을 만들어야 한다면 어떻게 해야 좋을까요? 여러 방법이 있겠지만 가장 좋은 건 원전 하나 줄이기가 나에게 어떤 도움을 주는지 구체적인 예를 들어주는 것입니다.

제가 만들어 채택된 한 줄은 <u>원전 하나 줄이면 관리비도 줄어듭니다</u>입니다. 원전 하나 줄이는 작은 노력을 통해 아파트 관리비도 절감할 수 있다는 메시지입니다. 주택 관리비는 체감하기에 가장 쉽고 현실적으로 와닿을 수 있는 이점입니다. 막연하게 안전하고 미래 세대를 지켜준다는 정도의 이점만으로는 시민의 참여를 이끌어낼 수 없습니다. 탈핵 관련 시민단체 등 깊이 관여된 사람들은 알아서 참여하겠지만 일반 시민은 관심도 없습니다. 그런 일반 시민을 상대로 안전을 위해 원전 하나 줄여보자고 말하기보다는 매달 내는 아파트 관리비를 줄이려면 원전 하나부터 줄이는 노력을 하자는 메시지가 훨씬 강력하게 와닿지 않겠습니까?

미세먼지 줄이면 아이들이 돌아옵니다
참여를 이끌어내는 한 줄

ㅇㅇㅇ

우리 아이들은 외갓집에 갈 때마다 설렙니다. 외할아버지, 외할머니가 보고 싶어서라면, 참 좋겠으나 그보다는 놀이터 때문인 경우가 많습니다. 우리 아파트보다 아이들이 훨씬 좋아할 만한 시설을 갖춘 처갓집 아파트 놀이터! 그곳은 늘 아이들로 붐볐습니다.

그날도 아이들을 데리고 처갓집 아파트의 킬러 콘텐츠인 놀이터에 나갔습니다. 그런데 아이들이 보이지 않았습니다. 땡볕도 아니고 비도 안 오는데 말입니다. 이상한 기분이 들었지만 그때뿐이었습니다. 그네를 마음껏 타는 아이들의 미소에 그 기분은 금세 사라졌습니다.

아이들을 밀어주다 산 쪽 하늘을 보니 뭔가 뿌옇습니다. '헉' 하는 마음에 스마트폰을 켜보니 이런! '미세먼지 매우 나쁨'이었습니다. 더 놀겠다는 아이들을 달래서 들어가며 느낀 게 있습니다. '미세먼지란 녀석이 우리 일상까지 파괴하고 있구나!'

그리고 그 경험이 바탕이 되어 미세먼지 줄이기 사업의 한 줄을 뽑아냈습니다. 미세먼지 줄이면 아이들이 돌아옵니다. 그네를 타고 환하게 웃고 있는 아이의 모습과 함께 말입니다. 평범하게 쓴다면 "미세먼지를 줄여야 미래 세대가 지켜집니다" 정도 아닐까요? 미세먼지 문제는 나 자신에게만 해당하는 문제가 아니라 우리 아이들에게도 닥친 문제입니다. '미래 세대'라는 막연한 용어보다 '아이'라고 하면 훨씬 구체적이고 체감하기 쉽죠. '내 이야기'가 됩니다.

서울을 가지세요
시민이 서울의 주인임을 일깨워준 한 줄

○○○

십수 년 전 시민의 입장에서 서울시청 본관 건물을 방문한 적이 있었습니다. 그때만 해도 일제강점기 건물 그대로여서 위압감이 들었습니다. 입구에 검색대가 있고 좌우에서 부리부리한 눈빛의 직원들이 딱딱한 표정으로 서 있던 위엄까지 문제 삼고 싶진 않습니다. 문제는 '여기 들어가도 되나? 뭐라 하지 않으려나?' 하는 저의 자발적인 '을(乙) 마인드'였습니다.

최근 같이 일하게 된 동료 디자이너의 이야기는 그때의 제 느낌과 비슷했습니다. 아니, 한 술 더 떴습니다. "시청, 오면 안 되는 곳인 줄 알았어요." 시청 건물도, 시장도, 정책기조도 새롭게 바뀌었음에도 불구하고 말입니다. 과연 서울시의 주인은 누구일까요? 말로는 시민이 시장이라지만 일반 시민들의 인식까지 바뀌기는 쉽지 않은 일입니다.

서울을 가지세요는 그런 인식을 깨기 위한 도끼질 같은 한 줄로 보면 됩니다. 막연하게 "서울의 주인이 되세요"나 "시민이 시장입니다" 같은 접근보다 서울을 직접 가지라는 'have'의 개념으로 접근하면 시민에게 더 와닿을 수 있습니다. 가지라는 메시지는 손에 잡히고 머릿속에 그림이 그려지기 때문입니다.

서울을 가지세요는 서울을 시민에게 돌려준다는 약속이 담긴 슬로건이면서 '서울의 수많은 정책을 마음껏 가져다 쓰라, 서울은 당신의 것'임을 알리는 메시지이기도 합니다. 이와 함께 서울시 정책 중 시민의 생활에 꼭 필요한 정책들을 엄선하여 마이크로 사이트에 소개했는데 이 사이트의 명칭 또한 서울을 가지세요입니다. 단순한 구호성의 한 줄이 아니라 실체가 받쳐주는 한 줄이 되었습니다.

습관을 바꾸려면?

행동변화

익숙한 습관을 바꾸기는 쉽지 않습니다.
강요나 계몽 따위엔 꿈쩍도 안 하는 요즘 사람들,
어떤 한 줄로 변화시킬 수 있을까요?

하지 말라면 더 한다,
유머로 마음을 열어라

책 읽는 개만
'개 출입금지'에 속상할 수 있는 마음을 잘 읽어낸 한 줄

ㅇㅇㅇ

어릴 때부터 '하지 마라'는 잔소리를 많이 들으며 자랐습니다. 좋은 소리도 한두 번이라는데 '일방적인 규제'는 마음의 문을 닫게 하거나 건성으로 듣고 흘려보낼 가능성이 높습니다. 어느 시대나 기성세대에게 젊은 층은 버릇없고 반항하기 좋아하는 녀석들로 보이고, 젊은 층에게는 기성세대가 강요만 하고 본인 생각만 하는 꼰대로 보이나 봅니다. 고대 알타미라 동굴에 '요즘 애들 버릇 없어!'라는 한 줄이 쓰여 있는 것만 봐도 알 수 있죠.

세월호 참사 이후로 세대 간 불신과 불통이 더 심해진 것 같습니다. '가만히 있으라'가 모두의 안전을 생각한 전문가의 '조치'가 아니라 본인들의 안전을 먼저 챙기기 위한 '꼼수'로 드러나면서 말입니다. 기성세대의 말을 '믿지 않고', '듣지 않는' 경향이 더 커졌습니다. 기성세대의 이야기를 일방적이고 자기중심적인 메시지로 거부하고 보는 필터링이 생기게 된 거죠.

그렇게 상대하기 힘든 젊은 고객의 마음을 참 잘 읽는다고 생각하는 회사로 저는 '알라딘'을 꼽습니다. 책을 다루는 곳이라 고객의 마음도 잘 읽는 걸까요? 오프라인 매장인 알라딘 중고서점에 가면 더 확실히 느낄 수 있는데요. 입구의 안내판부터 감각이 돋보입니다. 젊은 층의 필터링을 깨는 방법은 여러 가지가 있겠지만 알라딘이 매장 안 안내판을 통해 보여주는 코드는 '유머'입니다.

> 와이파이 아이콘과 함께 'Why Not?'
> CCTV 아이콘과 함께 '무장점원 근무 중'
> 개 출입금지 아이콘과 함께 '책 읽는 개만'
> 음식 반입금지 아이콘과 함께 '마음의 양식만'
> PTSD 아이콘과 함께 '외상 사절'

알라딘이 대기업은 아니지만, 젊은 층 한 명 한 명의 입장에서는 기성세대, 기득권으로 비칠 수 있는데 그런 필터링을 잘 깨주고 있거든요. '젊은이 코스프레'나 '쇼'를 한다고 그 필터링이 깨지지는 않습니다. 젊은 층은 귀신같이 알아내니까요. 회사에서 직원과 격의 없는 대화를 한다면서 몇 명 불러다 놓고 "하고 싶은 얘기 해봐. 난 직원 고충을 잘 들어주는 사장이야" 하며 자위하는 것과 똑같습니다. 어설프게 젊은 층이 쓰는 유행어를 흉내 내며 젊은 척해봐야 꼰대 이미지를 지우긴 어렵습니다.

젊은 층이 가장 듣기 싫어하는 말 중 하나가 "내가 젊었을 땐……"으로 시작하는 무용담이라고 합니다. "난 이렇게 고생했고, 그 시대에 난 이런 규제도 잘 견뎠고, 지금은 세상이 너무 좋아졌고…… 다들 배부른 소리 하고 있고…… 이 정도 규제도 못 지키고 이 정도 고통도 못 견뎌?" 하는 말을 극도로 싫어하는 거죠. "그때와 지금은 상황이 다르고, 나와 당신은 다른 사람이잖아요. 게다가 당신이 날 도와줄 것도 아니면서"라는 필터링으로 말입니다.

알라딘은 그런 마음을 정확하게 읽습니다. 단순히 건조하고 강압적인 규제나 유행어를 흉내 내지 않고 독특한 한 줄의 맥락으로 고객에게 거부감 없이 다가가는 거죠. 최종 메시지는 같을지언정 어떻게 표현하느냐에 따라 고객의 반응도 결정된다는 것을 알라딘은 잘 알고 있습니다. 유머라는 푹신한 융단을 깔아놓고 고객을 맞이합니다. 심각하게 다가가거나 일방적으로 감동을 주려는 방식 또한 상황에 맞지 않다는 걸 잘 아는 거죠.

흡연은 비행기 날개 위 스카이 라운지를 이용해주십시오
어떻게든 피우려는 욕심을 두 손 들게 한 한 줄

○○○

예나 지금이나 항공기 기내에서의 흡연은 골칫거리였나 봅니다. 미국의 항공사 사우스웨스트 항공의 해결책은 무엇이었을까요? 기내방송에 쓰인 한 줄은 다음과 같습니다. 흡연은 비행기 날개 위 스카이라운지를 이용해주십시오. 그곳에선 영화 〈바람과 함께 사라지다〉가 상영 중입니다.

사실 이 항공사는 초저가 항공사입니다. 다른 항공사에서 추구하는 품격이나 최상의 서비스에 굳이 얽매일 필요가 없죠. 그만큼 자유롭습니다. 하지만 그 자유가 불안으로 이어져서도 안 됩니다. 고객에게 불쾌감을 주거나 서비스 질 저하로 이어져서도 안 됩니다. 사우스웨스트 항공이 고객을 상대하는 코드는 '유머'입니다. 비단 흡연 문제에서만이 아니라 모든 경영 방침이 그렇습니다. 사실 비행기 날개 위를 이용하라는 것은 죽으라는 얘깁니다. 하지만 한 줄을 어떤 방식으로 표현하느냐에 따라 향(?) 냄새 안 나는 기분 좋은 경고가 될 수 있습니다.

이 한 줄을 만약 절에서 응용한다면 어떨까요? 몰래 페트병에 담긴 술을 마시며 절을 구경하는 취객이 있다면? 음주는 부처님 손바닥 위를 이용해주십시오. 그곳에선 영화 〈여보게, 저승 갈 땐 뭘 마시고 가지?〉가 상영되고 있습니다.

사우스웨스트 항공에 전화를 걸었을 때 들리는 대기음 역시 큰 인기를 끌었다고 합니다. 30초가 넘었는데도 담당자와 연결되지 못한 고객은 8번을 눌러주십시오. 그런다고 빨리 연결되는 것은 아니지만 적어도 기분은 좋아질 겁니다.

상대적으로 마음의 여유가 없는 우리나라 사람들에게 적용하기는 어렵겠죠? 다만 아래와 같은 업종에는 적용해볼 수 있습니다. 연습은 상상의 나래를 마음껏 펼칠 기회니까요.

[미로카페 안내문]
30분이 넘었는데도 출구를 못 찾고 여기 계신 분은 이 벨을 눌러주십시오. 담당자도 찾아오다가 길을 잃을 수도 있지만 말입니다.

지금 들어오는 저 열차, 여기서 뛰어도 못 탑니다. 제가 해봤어요
지하철을 향한 질주를 멈추게 한 한 줄

○○○

지하철로 출퇴근하는 시민들의 발은 늘 바쁩니다. 고단한 몸을 깨워 여차저차 지하철역에 도착했을 때, 마침 들어오는 열차를 타느냐 못 타느냐에 따라 정시 출근과 지각의 운명이 갈릴 수 있습니다. 계단을 뛰어내려가다가 다치거나 올라오는 사람과 부딪히는 사고 또한 많을 수밖에 없습니다.

이런 상황을 해결하기 위해 지하철 역사에 가장 흔하게 붙어 있는 한 줄은 무엇인가요? "뛰지 마시오!"입니다. 이 한 줄을 보면 뛰고 싶은 마음이 사라질까요? 아닐 겁니다. "열차가 도착 중일 때 뛰지 마세요"는 어떨까요? "뛰지 마시오"보다는 낫지만 여전히 막연합니다.

이에 비해 지금 들어오는 저 열차는 구체적입니다. 구체적으로 대상을 지목해주기 때문에 효과적입니다. 《설득의 심리학》이라는 책에서도 누군가에게 폭행을 당하고 있을 때 막연하게 "도와주세요!" 하기보다 "파란 옷 입은 아저씨, 도와주세요"라고 구체적으로 지목해야 효과가 있다고 했습니다. 게다가 다음 열차가 들어오더라도 '지금 들어오는 저 열차'로 모두 귀결이 됩니다.

여기서 뛰어도 못 탑니다. 제가 해봤어요는 어떤가요? 종일 근무하면서 이 역사의 상황을 가장 잘 알고 있을 법한 근무자의 경험을 토대로 한 제언이니 신뢰가 더해질 수밖에 없습니다. "여기서 뛰어도 못 탑니다"로 끝났다면 별 감흥 없는 한 줄이 되었겠지만, "제가 해봤어요"가 붙음으로써 사람들에게 웃음을 유발하게 됩니다. 그럼에도 불구하고 열차를 놓칠 수 없다고 생각하는 사람은 기어코 뛰어가겠지만요.

저를 깨끗이 사용하시면 오늘 본 것은 평생 비밀로 할게요
화장실 대하는 자세를 돌아보게 하는 한 줄

000

화장실 들어갈 때와 나올 때가 다르다는 말이 있습니다. 급해서 찾은 화장실에서 나올 때 마무리를 어떻게 하느냐는 그 사람의 내면을 보여주는 척도입니다. 그것이 모여 국격이 되기도 합니다. 자기 집 화장실은 깨끗이 써도 공중 화장실이나 회사 화장실은 엉망으로 쓰는 사람이 많다면 화장실 관리자에게는 꽤나 골칫거리가 됩니다.

화장실시민문화연대에서 지속적으로 쓰는 한 줄, 아름다운 사람은 머문 자리도 아름답습니다는 품격이 넘칩니다. 화장실을 깨끗이 이용하는 사람이 아름다운 사람이라는 결론으로 격을 높여줌으로써 자연스러운 동참을 유도합니다. 유머는 없지만, 감동을 주는 한 줄의 시처럼 그동안 많은 화장실 이용자의 자세를 다소곳하게 바로잡아주었습니다. 사실 화장실시민문화연대에서 처음에 썼던 한 줄은 "화장실을 깨끗이 사용하세요"였습니다. 그런데 "너네나 깨끗이 해!" 같은 낙서가 달리는 등 효과가 없었다고 합니다. 뒤이어 쓴 "청소 아주머니를 울리지 마세요"도 별다른 효과를 보지 못했습니다. 고민 끝에 개발한 "아름다운 사람은 머문 자리도 아름답습니다"는 대성공이었습니다. 조금씩 달라져 가는 화장실을 보고 청소 아주머니들의 반응도 좋아졌다고 합니다.

남자가 흘리지 말아야 할 것은 눈물만이 아닙니다는 2000년대 초중반 화장실 안내문을 풍미한 한 줄입니다. 화장실 안내문에 계몽이나 저주(?)의 글 대신 유머가 담긴 문구 중 유명세를 탄 첫 작품이 아니었나 생각합니다. 이 한 줄이 뛰어난 것은 보는 사람이 스스로 결론을 내릴 수 있게 했다는 점입니다. "남자가 흘리지 말아야 할 것은 눈물, 그리고 ○○입니다"라고 결론을 정해준다면 재미도 없을뿐더러 도를 넘는 적나라(?)함에 오히려 반감을 샀을 것입니다. 앞에서 설명했던 "졸음운전의 종착지는 이 세상이 아닙니다"와도 같은 맥락입니다.

다만 당시엔 히트했고 별문제 없던 한 줄이지만 요즘에는 반감을 살수 있습니다. 남자는 눈물을 참고 살아야 하는 대상으로 규정짓기 때문입니다. 더불어 여자는 눈물을 참지 못하는 존재란 말이냐는 논란까지 부를 수 있습니다.

저를 깨끗이 사용하시면 오늘 본 것은 평생 비밀로 할게요. 이 한 줄도 마찬가지입니다. 변기를 의인화하여 화장실 이용자에게 뭔가를 권유하고 약속하는 기법이 재치 있는 건 사실이지만 여자 화장실에 쓰기엔 무리가 있습니다. 몰카에 대한 두려움이 커진 요즘의 분위기는 차치하더라도, 아무리 유머라지만 누군가 비밀스러운 곳을 본다는 표현이 유쾌하게 받아들여질 수는 없기 때문입니다.

남자 화장실 소변기 정도에 국한한다면 그런 우려를 어느 정도 덜어낼 수 있습니다. 남자 소변기에 몰카가 설치될 확률이나 이의 유출로 인해 남자가 기분 나빠할 확률은 상대적으로 낮기 때문입니다. 그런데 이 또한 편견 아닐까요? 성 인지감수성에 위배되는 건 아닐까요? 창의적 아이디어도 중요하지만 사회적인 파장이나 오해의 소지까지 고려해야 한다는 점에서 화장실의 한 줄은 제약이 많습니다. 제 생각으로는 공공기관이나 대기업은 특히 조심해야 하고, 소규모 개인 매장 정도라면 웃고 넘어갈 수 있는 수준이라고 봅니다.

자괴감 대신
자존감을 북돋아주어라

운동을 하면서 가장 어려운 건 체육관에 오는 것입니다. 당신은 그 걸 해내셨습니다
체육관 출석률을 높여준 한 줄

∘∘∘

많은 사람들이 운동을 어렵게 생각합니다. 피트니스 센터라면 정확한 자세를 유지해야 하고 무거운 기구를 들고, 근육을 만들거나 날씬한 몸을 만들어야 한다고 말입니다. 하지만 이 피트니스 센터는 가장 어려운 것은 운동 자체가 아니라 운동하러 오는 것이라고 말합니다. 우리가 알고 있는 상식을 비틀어 주목을 끕니다. 나오긴 나오는데 운동이 생각만큼 잘 되지 않거나 어렵게 느껴져 언제 그만둘까를 고민 중인 많은 사람들의 마음을 움직입니다.

사실 새해가 되면 혹은 여름이 다가오면 피트니스 센터에 등록하는 사람이 늘지만, 끝까지 다니는 사람은 매우 드뭅니다. 몸의 변화를 달성

해야 한다는 강박관념과 함께 운동 자체에 대한 부담이 발길을 끊게 하는 원인이 아닐까요? 그럼에도 불구하고 대부분의 피트니스 센터는 "몸짱을 원하신다면?", "땀 흘리는 만큼 당신이 원하는 몸이 만들어집니다" 같은 문구를 내세우곤 했습니다. 모두 운동을 열심히 해야 한다는 강박관념이 담긴 한 줄이었습니다.

하지만 이 피트니스 센터의 경우 누구도 생각지 않았던 '과정'에 주목했습니다. 운동하러 오는 과정 말입니다. 회식 약속, 업무, 휴식 등 운동을 방해하는 요인을 뿌리치고 오는 그 마음가짐이 가장 대단한 것이라고 추켜세우고 있습니다. 사람들에게 자괴감 대신 자존감을 북돋아주는 한 줄입니다. 사실 운동을 잘하고 못하고는 어찌 보면 타고난 것이기도 하지만, 운동하러 오는 것은 타고난 것과는 아무 상관이 없습니다. 본인의 의지 문제일 뿐입니다.

결국 이렇게 운동을 하러 나오는 습관 자체에 초점을 맞추면 피트니스 센터의 매출에도 긍정적 영향을 줍니다. 운동하러 나오는 것을 목표로 하는 사람이 많아지면 당연히 고정고객도 유지되거나 늘어날 수밖에 없기 때문입니다.

이 멋진 한 줄을 독서실에 응용해본다면 어떨까요? 공부를 하면서 가장 어려운 건 자리에 앉는 것입니다. 당신은 그걸 해내셨습니다. 이렇게도 응용해볼 수 있습니다. 글쓰기에서 가장 어려운 것은 펜을 드는 일입니다. 당신은 그걸 해내셨습니다.

주짓수를 하기 가장 좋은 나이는 10대, 그다음은 지금입니다
어르신을 체육관으로 향하게 한 한 줄

○○○

주짓수는 최근 선풍적인 인기를 끌고 있는 무술이자 생활체육입니다. 관절을 꺾거나 조르는 등 다소 과격해 보이는 이미지 때문에 젊은 사람에게나 적합하다는 인식이 있습니다. 다른 생활체육에 비해 감성적인 한 줄을 홍보에 많이 활용해온 주짓수는 위의 한 줄로 어르신(?) 타깃의 부담을 덜고 있습니다. 그런데 이는 다음과 같은 아프리카 속담을 패러디했을 가능성이 큽니다. "나무를 심기에 가장 좋은 때는 20년 전, 그다음은 지금이다."

이 한 줄이 효과적인 이유는 반전 때문입니다. "주짓수는 10대에서 60대까지 누구나 수련할 수 있습니다"라고 했다면 얼마나 뻔하겠습니까. "주짓수를 하기 가장 좋은 나이는 10대뿐일까요? 60대도 수련할 수 있습니다." 앞의 한 줄보다 조금 낫지만 역시 뭔가 부족합니다.

주짓수를 하기 가장 좋은 나이는 10대. 이렇게 결론을 내리면 이야기가 달라집니다. 이 한 줄 앞에서 나이가 많은 사람들은 순간적으로 좌절을 맛봅니다. 해볼까 생각했던 주짓수의 장벽이 더 높게 느껴지는 것입니다. 너무 늦었나? 하는 안타까움과 조바심이 들 무렵, 뒤에 이어지는 반전의 한 줄이 도장에 나갈 이유와 용기를 줍니다. 그다음 좋은 나이가 바로 지금이라는 말로 말입니다.

이처럼 반전이 있는 한 줄로 어떤 게 있을까요? 닭살이 돋겠지만 알아봅시다. 넌 도둑이야. 내 마음을 훔쳤으니까. 네가 그러고도 사람이냐? 천사지! 사랑에도 밀당이 필요하듯 한 줄에도 확 좁혔다가 확 넓히거나, 최대한 조바심이 나게 했다가 안심을 주는 등 변화를 주는 게 효과적입니다. 격하게 이야기해서 지옥과 천당을 왔다 갔다 하게, 덜 격하게 이야기해서 온탕과 냉탕을 왔다 갔다 하게 만드는 기술이 필요할 때도 있습니다.

인식을 바꾸려면?

국면전환

제품, 브랜드, 정책에 대한 색안경을 한 줄로 벗겨낼 수 있다면?
당신에게 유리한 국면으로 바뀌게 됩니다.

본질은 같아도
다르게 보이도록 하라

청년수당 → 청년구직촉진수당
청년 지원에 대한 불신을 덜어준 한 줄

○○○

'청년' 하면 무슨 생각이 드세요? 돌이라도 씹어 먹을 나이, 뭐든 노력만 하면 이룰 수 있는 부러운 세대. 완전히 틀린 말은 아니지만 요즘 청년의 실상을 외면한 것 아닐까요. 열심히 공부하고 일하면 어느 정도 희망을 보장받았던 과거와 달리 지금은 경쟁도 더 치열한 데다 소위 금수저와 흙수저는 출발선 자체가 달라 그 격차가 갈수록 벌어지고 있습니다. 등록금 대느라 밤낮 없이 알바에 뛰어들어 공부하고 스펙 쌓을 시간도 없는 청춘들에게 노력이 부족하기 때문이라고 함부로 폄하할 수 있겠습니까.

이런 상황에서 서울시는 청년을 지원하는 정책으로 '청년수당'을 도입하여 시행 중입니다. 2016년 첫해엔 중앙정부의 반대로 대법원 제소에까지 넘어가 1회밖에 시행하지 못했지만 2017년 새 정부가 들어서면서 양상이 바뀌어 현재는 안정적으로 시행 중입니다.

만약 '청년수당'이란 정책명을 과거의 잣대로 본다면 무슨 생각이 들까요? "젊은 놈들이 손발이 없는 것도 아니고 어디 퍼줄 데가 없어서 돈을 주냐", "이런 게 포퓰리즘이 아니고 뭐냐" 할지 모릅니다. 사실 '청년수당'은 줄임말이고 원래는 청년구직촉진수당입니다. '청년수당'이란 정책명은 짧고 쉽다는 장점이 있지만, 청년에게 그냥 퍼준다는 인상이 강합니다. 청년구직촉진수당에는 그냥 퍼주는 게 아니라 청년의 구직활동을 촉진하기 위해 주는 것이라는 분명한 목적이 있습니다. 결국 청년의 구직이 그만큼 어렵다는 현실을 반영하면서 그 구직활동에 드는 제반 비용에 보탬이 되고자 하는 의도이지 흥청망청 쓰라고 주는 게 아님을 밝히고 있습니다.

여러분이 무엇인가를 한 줄로 표현할 때, 사회의 고정관념과 싸워야 하거나 반대에 부딪힐 경우 이런 예를 참고하면 도움이 됩니다. 다만 이는 양날의 검이기도 합니다. '대운하'를 '사대강'으로 바꾸는 위험한 일에 쓰이는 경우는 없어져야 하지 않을까요?

방사선과 → 영상의학과
방사선에 대한 부정적 인식을 거둬내고 있어 보이게 한 한 줄

○○○

어딘가로 전이되는 것 하면 뭐가 떠오를까요? 대부분 '암'을 떠올립니다. 그뿐일까요? '생각'도 전이됩니다. 방사선은 무섭고 피해야 할 것이라는 부정적 인식 또한 그대로 방사선과라는 이름에 전이됩니다. 어떻게 극복할까요? 방사선은 잘만 활용하면 안전하고, 환자의 상태를 살피는 데 필수이며 우리의 삶을 유익하게 한다는 홍보도 물론 필요하겠죠. 그보다 더 중요한 건 이름을 바꾸는 겁니다.

누가 처음 생각했는지는 몰라도 방사선의 부정적 인식을 벗어나려면 '방사선'이란 용어를 벗어나야 한다고 생각한 듯합니다. 그리고 그전에는 의료(내과, 외과 등)의 보조수단으로 인식되었으나 '의학'이라는 개념을 추가함으로써 격상시키는 효과도 있습니다. 마취과를 통증의학과로, 병리학과를 진단검사의학과로, 정신과를 정신건강의학과로 바꾼 것도 마찬가지입니다.

소아청소년과는 어떤가요? 소아에만 한정되었던 '소아과'와 달리 청소년을 붙임으로써 타깃이 확장되고 당연히 고객도 많아지게 됩니다. 사실 영유아는 소아에 포함되고, 어른은 일반 병원에 가면 되지만 청소년은 마땅히 속하는 영역이 없었습니다. 이 빈틈을 메울 수 있는 곳은 바로 소아과뿐입니다. 매우 현명한 선택입니다.

우리 동네의 어떤 '이혼상담소'는 이혼카페라는 간판을 걸었습니다. 상담소라는 조금은 칙칙하고 딱딱한 분위기가 아니라 차 한 잔을 앞에 두고 아늑하고 편안한 분위기에서 골치 아픈 이혼 문제에 대해 상담해 준다는 느낌이 한번에 전달됩니다. 신촌에 즐비한 길거리 점집 중에 라이프 디자인 연구소도 있네요. 사업의 격은 높여주고 고객의 부담감은 줄여주는 '있어 보이는 한 줄'입니다.

한 줄은 자기 브랜드 가치를 높이는 데에도 유용합니다. 보험설계사로 통칭하던 보험모집인의 명칭을 푸르덴셜생명은 라이프플래너로, 삼성생명은 인생금융전문가로 바꾼 것도 자기 브랜드 가치를 높이려는 의도로 볼 수 있습니다.

18세기 초 영국의 건축가 크리스토퍼 렌이 세인트폴대성당을 재건할 때의 일입니다. 그가 평상복으로 갈아입고 현장을 둘러보다가 세 명의 석공에게 무슨 일을 하고 있느냐고 물었습니다. 그들의 대답을 들어볼까요? 첫 번째 석공은 그저 돌이나 깎고 있다고 했고, 두 번째 석공은 입에 풀칠하려고 한다고 했습니다. 세 번째 석공은 위대한 성당을 짓는 데 한몫하고 있다고 했습니다. 똑같은 일을 하고 있지만 사람마다 일을 대하는 마인드가 이렇게 다를 수 있음을 보여주는 사례입니다. 당연히 마음가짐에 따라 일의 성과도 달라지고, 그 사람의 가치까지 달라지게 되어 있습니다. 나는 단순히 돌을 깨고 다듬는 석공이 아니다. 위대한 성당의 창조자다라는 한 줄로 규정할 수 있겠네요.

이 또한 기득권이 부려먹기 좋은 사고, 체념적 자기합리화로 치부될 수도 있지만, 그래도 어차피 해야 하는 일이라면 남보다 큰 생각의 그릇에 옮겨 담는 노력이 중요합니다. 부정적 사고에만 매달린다면 그 수렁에서 빠져나오기 어렵습니다.

젊어
보이게 하라

내 몸을 위한 의리음료 비락식혜
전통 이미지를 홀딱 벗긴 한 줄

○○○

비락식혜는 오랫동안 '전통음료'라는 점을 강조했습니다. 전통 있는 회사, 전통 있는 제품이라는 나름의 강점을 버릴 이유가 없었고, 원래 식혜 자체가 전통음료이기 때문에 다른 대안을 찾기도 어려웠을 것으로 보입니다. 그러다 보니 나이든 사람이 마시는 음료라는 고정관념이 강했고, 이 때문에 다른 음료에 밀리기 시작했습니다. 브랜드도 나이 든 이미지로 굳어졌고요.

비락에서는 더 이상 전통으로 밀고 나가서는 안 되겠다는 위기의식을 느꼈나 봅니다. 올드한 이미지에서 벗어나 젊은 층으로 수요를 확대하기 위한 마케팅 과제가 주어졌을 것입니다. 그에 맞게 한 줄도 완전히 새롭게 바뀌었습니다. 의리음료로! 광고 내용은 더 이상 설명하지 않아도 됩니다. 매출이 얼마나 뛰었는지도 새삼 언급할 필요가 없습니다.

올드한 이미지를 벗어나자면서 '전통'을 계속 쥐고 있으면 안 됩니다. 또한 비락식혜 정도라면 군이 전통을 이야기하지 않아도 됩니다. 식혜라는 단어 속에 이미 전통이 녹아 있기도 하고 그동안 전통음료로 많이 소구해왔으니까요. 새로운 이미지를 만들려면 전혀 다른 이야기를 던져야 합니다. 그게 바로 '의리'입니다.

그냥 '의리음료'도 아닙니다. 내 몸을 위한 의리음료입니다. 내 몸에 대한 의리를 비락식혜를 통해 지키자는 의미입니다. 사실 이는 '건강음료'라는 비락식혜의 또 다른 속성을 반영했습니다. 제품의 올드한 이미지와 관계없는 전혀 다른 이야기를 던지면서도 제품의 속성을 잃지 않고 녹여내어 더욱 강력한 한 줄을 만들어냈습니다.

Old is New_산토리 올드
올드를 젊어 보이게 한 한 줄

ㅇㅇㅇ

위스키는 시간의 흐름(오랜 숙성)이 제품에 대한 신뢰로 이어지지만, 브랜드 이미지는 반대로 불리해질 수 있습니다. 다른 제품보다는 덜하겠지만 어쨌든 낡고 보수적인 이미지로 비치기 쉽기 때문입니다. 1937년에 출시된 산토리 올드는 그런 고민을 이렇게 해결했습니다. 브랜드명에 포함된 'Old'를 그대로 살리면서도 이를 참신하게 재해석한 한 줄을 내놓은 것입니다. Old is New.

제품 리뉴얼을 통해 산토리 올드가 새로워졌다는 의미도 있지만, 위스키 이야기는 곁다리에 불과합니다. 바로 올드하다고 취급받고 있는 위스키의 타깃, 50대에 대한 이야기가 중심이기 때문입니다. "너 아직 늙지 않았어. 다시 시작할 수 있어"라는 메시지를 던집니다. 한때 유행했던 '내 나이가 어때서?'라는 노래 가사와도 맥락을 같이 합니다.

젊어봤으니 늙어도 봐야죠
운명을 부드럽게 맞이하게 하는 한 줄

○○○

이름만 들어도 알 만한 상조회사인 보람상조나 현대프리드에 비해 좋은라이프는 인지도에서 크게 밀렸습니다. 하지만 보람상조나 현대프리드가 부모의 죽음에 대한 대비, 효, 회사 규모, 서비스 같은 뻔한 이야기에 집착할 때, 좋은라이프는 나이 드는 것을 자연스럽게 받아들이는 셀럽들의 여유와 자세를 한 줄로 압축하여 주목을 끌었습니다.

그중에 압권은 좋은라이프 CF에서 왕년의 영화배우 문숙 씨가 고갯길을 걸으며 말한 한 줄, 젊어봤으니 늙어도 봐야죠입니다. 늙어가는 것을 거부하고 늙어가는 모습에 괴로워하기보다, 젊음을 누렸으니 늙는 건 당연한 순리 아니냐는 반문입니다. 늙는 것도 젊음만큼 좋은 경험이 될 것이라는 메시지도 함께 던집니다.

노사연의 노래 '바램' 가사 중 "우린 늙어가는 것이 아니라 조금씩 익어가는 겁니다"도 맥락은 비슷합니다. 늙어간다는 사실을 부정하고 다르게 포장하느냐, 여과 없이 받아들이느냐의 차이입니다.

출처는 알 수 없지만 "너 늙어봤냐? 나 젊어봤다"라는 한 줄도 회자되고 있습니다. 하지만 이 말은 꼰대 소리를 듣기 딱 좋은 한 줄입니다. 나이 더 먹은 게 젊은이에게 유세 떨 만큼 자랑은 아니니까요. 젊은이에게 귀감이 될 만큼 연륜 있는 콘텐츠로 스스로를 채운다면 굳이 저런 소리 하지 않아도 젊어 보일 테니까요.

내 얘기가 되게 하려면?
자타공감

각자도생이면서 함께 사는 세상입니다.
'그게 나랑 무슨 상관인데?'라는 생각을 변화시키는
한 줄이 필요합니다.

공감하게
하라

누구나 장애인이 될 수 있습니다
장애인과의 담을 허물어주는 한 줄

∘∘∘

"내가 너와 엮여도 되겠니?" 이렇게 물어보고 찾아오는 장애는 없습니다. '묻지 마 장애'입니다. 어느 정도 예방은 가능할지 모르겠지만 나의 노력이나 의지와 관계없이 닥쳐오는 장애를 무슨 재주로 피하겠습니까? 선천적 장애는 말할 것도 없고요.

그럼에도 장애는 나와 절대 관계없는 일로 생각하는 사람이 많습니다. 장애인을 함께 더불어 사는 대상으로 여기기보다 나와 관계없는 사람 또는 비정상인으로 미리 담을 쌓고 선을 긋습니다. 그러다 보니 선진국에 비해 장애인에 대한 배려가 부족하고 차별도 심한 편이죠.

저도 이 점에서 자유롭지 못합니다. 단순히 장애인을 배려하자는 착

한 척(?) 신념이 무의식에 깔린 장애인에 대한 편견을 이기기엔 터무니없이 약합니다. 그러나 생각해봅시다. 그 누가 자신이 장애인이 될 줄 예상이나 할 수 있을까요?

이러한 통찰을 담은 한 줄이 누구나 장애인이 될 수 있다라는 세계일보 캠페인입니다(사실 누가 먼저 썼다고 주장하기 어려울 정도로 예전부터 있던 한 줄이지만 이를 기획기사로 캠페인화한 것은 세계일보가 처음입니다).

장애인을 불쌍히(?) 여기고 도와야 할 대상으로 바라보는 것이 아니라 누구에게나 닥칠 수 있는 현실임을 일깨우는 데 이 한 줄의 가치가 돋보입니다. 다행히 아직 닥치지 않은 미래일 뿐 결코 일어나지 않을 미래는 아니라는 의미입니다.

인간은 누구나 예비 장애인이다라는 한 줄도 있습니다.

사람이 난로다
내 안의 따뜻함을 발견하게 해주는 한 줄
○○○

서울시 정책 중 어려운 이웃을 돕기 위한 복지정책으로 희망온돌프로젝트가 있습니다. 이 프로젝트의 핵심은 관 주도의 시혜성 복지가 아니라 시민 주도의 복지이며, 서울시는 이 정책이 원활히 돌아가도록 협력하고 지원한다는 점입니다. 관 주도로 어려운 이웃을 찾고 돕는 한계를 넘어, 주민이 주변의 어려운 사람을 찾고 도우면서 지역사회의 기부와 나눔을 활성화한다는 취지입니다.

이에 대한 한 줄로 제가 만든 것은 사람이 난로다입니다. 돈이나 후원물품에는 사실 체온이 없습니다. 사람의 체온이 담길 때 비로소 후원에도 진정성이 생깁니다. 어려운 사람들이 겨울을 춥지 않게 보내는 데는 무엇보다 이웃의 체온이 가장 중요한 역할을 합니다. 시민이 곧 주변을 덥히는 난로임을 일깨워 남남이 아닌 공동체로 인식하게 했습니다.

포스터 콘텐츠를 만들기 위해 네이버 포토갤러리를 뒤지다가 "사람이 난로다"와 꼭 맞는 사진 이미지를 찾았습니다. 어느 겨울, 엄마가 아이에게 입김을 부는 장면이죠. 원작자를 수소문하여 사진 사용 허락을 부탁했고, 흔쾌히 수락해주셔서 콘텐츠를 완성할 수 있었습니다. 한 줄에 이미지의 힘, 시민의 힘이 실린 것입니다. 같이 쓰인 한 줄, 우리의 유전자엔 나눔이 있습니다도 같은 맥락입니다.

누군가의 귀한 자녀였습니다
엄마의 마음으로 바라보게 하는 한 줄

○○○

노숙인을 그냥 노숙인으로만 보는 시민의 시선에 필터를 씌우면 어떨까요? 바로 부모의 시선 필터! 저들도 누군가 애지중지 키웠던 귀한 자녀였음을 상기시켜주는 시도입니다. 노숙인의 모습에서 아주 잠시라도 아이의 모습, 그리고 젖을 먹이며 아이를 사랑스레 바라보는 부모의 모습을 상상할 수 있다면! 노숙인에 대한 시선도 조금은 달라지지 않을까요? 그 순간만큼은 노숙인이 아니라 평범한 한 사람이라는 생각을 해봅니다.

앞에서 설명했던 노숙인 위기대응콜의 한 줄, 길에서 잠들면 영원히 잠들 수 있습니다와 세트로 만든 한 줄입니다. 주로 재미있고 유쾌한 콘텐츠를 위주로 공유하는 젊은 네티즌 사이에선 그다지 회자되지 않았다는 아쉬움이 있습니다.

당신은 한 개피지만 우리 집은 수십 개피의 연기가 들어옵니다
피해자 입장에서 생각하게 하는 한 줄

○○○

늘 내리는 지하철역 옆 골목에 붙어 있던 현수막의 한 줄입니다. 우연인지 모르지만 현수막이 붙은 이후로 근처에서 담배 피우는 사람을 거의 보지 못했습니다. 피우는 사람의 입장에서만이 아니라 당하는 사람의 입장에서 생각해볼 것을 부탁하는 한 줄입니다. 걸리면 가만두지 않겠다는 협박성 글이나 '지하철역 출입구 10미터 이내 금연' 같은 틀에 박힌 한 줄보다 설득력 있습니다.

좀 더 효과를 보려면 당신은 한 개피지만 우리 집 아이는 수십 개피의 연기를 마십니다로 쓸 수도 있습니다. 아이를 볼모(?)로 내세운 한 줄에 웬만한 안하무인이 아니고서야 두 손 들 수밖에 없습니다. 아이를 아기로 바꾸면? 당연히 더 효과적입니다. 담배 냄새가 올라올 때마다, 녹음된 아기 울음소리를 틀어둔다면? 한 줄에 청각효과가 더해져 그 효과는 더 강력해집니다. 한 줄에 대한 생각은 이렇게 다른 것과의 결합을 통해 전혀 새로운 아이디어로 이어질 수 있습니다.

물음표에서
느낌표로

한 사람이 앉지만 두 사람을 위한 자리
'왜지?'에서 '아하!'로 이어주는 한 줄

ooo

지하철 임산부 배려석에 임산부만 앉게 배려해줄 것을 부탁하는 한 줄입니다. 임산부를 두 사람으로 풀이한 재치가 돋보입니다. 막연하게 임산부를 위한 자리라고 하면 늘 듣던 이야기라서 잘 와닿지 않습니다. 그런데 '두 사람'이라고 하면 '왜 두 사람일까' 하고 생각하다가 뱃속 아이까지 떠올리게 됩니다. 같은 뜻이라도 해석을 달리하여 타깃에게 신선함과 호기심을 불러일으키면 좋습니다.

더 줄여서 '두 사람을 위한 자리'라고 쓰면 어떨까요? 줄여 쓴다고 무조건 좋은 게 아닙니다. 그럼 임산부가 아니라 어린이 두 명이나 덩치작은 어른 두 명이 한 자리에 앉을 수 있기 때문입니다. 공공장소의 한 줄은 문제의 소지를 최소화하기 위해 신경 써야 할 것이 많습니다.

봄이 오고 있네요. 하지만 전 봄을 볼 수 없습니다
당연한 일상이 축복임을 깨닫게 하는 한 줄

∘∘∘

꽃샘추위가 채 가시지 않은 뉴욕의 어느 봄날, 한 걸인이 길에 앉아 구걸을 하고 있었습니다. "태어날 때부터 맹인이었습니다. 배가 너무 고픕니다"라고 적힌 팻말과 함께. 하지만 시간이 지나도 빈 깡통은 거의 채워지지 않았습니다. 그때 마침 이 광경을 안타깝게 지켜보던 사람이 팻말 뒤편에 다음과 같은 한 줄을 써주었습니다. <u>봄이 오고 있네요. 하지만 전 봄을 볼 수 없습니다.</u>

얼마 지나지 않아 놀라운 광경이 벌어졌습니다. 여기저기서 사람들이 와서 돈을 넣어주고 격려까지 했습니다. 한 줄만 바꿨을 뿐인데 겨우내 닫혔던 사람들의 마음이 열리고 지갑이 열리고 입이 열렸습니다. 마치 봄꽃이 피는 것처럼……

봄의 아름다움은 코나 피부로도 느낄 수 있지만, 눈으로 보는 것만큼 감동적이진 않습니다. 한 줄의 대필작가(?)는 봄을 보고 싶어도 볼 수 없는 안타까움을 스토리텔링을 통해 전했습니다. "내가 저 맹인처럼 봄을 볼 수 없다면?", "사랑하는 아이의 미소, 피어나는 꽃, 얼음을 깨고 흐르는 냇물의 경이를 볼 수 없다면?"과 같은 무수한 자기대입으로 측은지심의 물꼬를 텄습니다.

아기 신발 팝니다. 한 번도 쓰지 않았습니다
아이를 보낸 아픔을 담담하게 그린 한 줄

○○○

한 작가가 동료 작가에게 단 여섯 단어로 사람들이 눈물 흘리게 할 한 줄을 만들어보자는 내기를 제안했습니다. 내기를 제안한 작가는 상대를 잘못 골랐네요. 상대는 헤밍웨이였습니다. 헤밍웨이가 즉석에서 쓴 한 줄은 아기 신발을 팝니다. 한 번도 사용한 적은 없어요였습니다. 이를 본 동료 작가는 그 뒤로 다시는 내기하자는 소리를 꺼내지 못했다고 합니다.

여러분이라면 어떤 한 줄로 사람들의 감정을 건드리겠습니까? 본인의 경험담일수록 더 좋습니다.

지갑을 열게 하려면?
매출증대

전략은 없고 멋만 있는 미사여구는 손가락 빨게 하는 지름길입니다.
통장을 불려주는 한 줄의 비결을 알아봅니다.

가격이
힘이다

가격 경쟁

최저가보다 싸다 (어바웃가)
최저가가 가장 싸다는 고정관념을 깨는 한 줄

∘∘∘

가격이 가장 저렴하다는 의미의 최저가! 이의가 필요 없는 상식입니다. 물론 한 줄 고수의 시각으로 보면 깨뜨려야 할 고정관념이자 좋은 먹잇감이기도 하죠. 어바웃가는 최저가 검색에서 집계되는 '최저가'보다 더 싸다고 이야기합니다. 무슨 소리일까요? 가격비교 사이트들의 가격비교 검색을 어바웃가에서 집계한 후 최저가보다 좀 더 싸게 해주는 방식입니다. 현재는 없어졌지만 최저가보다 싸다는 한 줄의 힘은 여전히 건재하네요.

원가를 올리다 (칸투칸)
판매가는 지키면서 품질을 올렸음을 암시하는 한 줄

○○○

잘 보세요. '가격을 올리다'가 아닙니다. 원가를 올린다는 말입니다. 원가를 올린다는 말은 소비자가 지불해야 할 판매가는 일정 부분 유지하되, 원가를 올려 품질을 높인다는 의미가 담겨 있습니다. '마진을 낮추고 품질을 높이다', '좋은 제품, 더 싸게'처럼 길고 뻔하지 않아도 할 말 똑 부러지게 하면서 소비자에게 스스로 판단할 여지를 주고 있는 한 줄입니다.

저희보다 싼 곳이 있다면 신고하십시오 (오케이아웃도어닷컴)
법대로 해도 당당한 가격 자신감을 표현한 한 줄

○○○

"저희가 가장 쌉니다"에서 멈추지 않았습니다. 아이디어를 덧붙여 한 단계 더 나아간 거죠. 실제 신고당하는 것을 원해서 쓰는 한 줄이 아니겠지요. 또한 신고하라고만 했지 어디에 어떤 명목으로 신고해야 하는지, 처벌이 되는 건지, 최저가가 아닐 경우 보상은 해주겠다는 것인지에 대한 이야기는 없습니다. 결국 자회사의 가격 자신감을 당당히 내세우면서 피해 갈 구멍을 마련해놓은 영리한 한 줄입니다. 음식이 맛없으면 주방장을 형사처벌하시오와 같은 맥락입니다.

연습해볼까요? '신고' 말고 다른 대안을 생각해보세요.

"저희보다 싼 곳이 있다면 (   )!"

저라면 "저희보다 싼 곳이 있다면, 꿈에서 깨십시오", 이렇게 해보겠습니다. 자기네보다 싼 곳을 본다는 건 꿈속에서나 가능하다는 의미입니다.

하루 5천 원, 커피 한 잔 값으로!
가격 부담감을 다른 가격과 비교하는 한 줄

○○○

뭘까요? 자동차 할부를 권유하는 한 줄입니다. 자동차 한 대 가격을 처음부터 내세우면 부담스러우니까요. 대학생이나 신입사원처럼 지갑이 얇다면 더욱 부담스럽죠. 이를 월 할부로 계산하면 어떨까요? 그래도 부담스럽습니다. 이럴 땐 하루에 쓰는 비용으로 바꿔주면 부담감을 확 줄일 수 있습니다. 물론 거기서 그치면 안 됩니다. 그냥 하루 얼마가 아니라 '매일' '별 부담 없이' 지불하는 다른 제품의 가격과 비교해주는 겁니다. 커피 또는 담배, 지하철 요금 등 얼마든지 바꾸기 나름이죠. 하루 300~400원이라면 '커피'를 '자판기 커피'로 바꿔주면 해결됩니다.

'가격'을 이야기하는 한 줄 가운데 확장성이 크면서 유용하게 쓸 수 있는 한 줄입니다. 꼭 익혀두세요. 여러분이라면 아래를 어떻게 바꿔보시겠습니까?

"하루 (   )원, (   ) 값으로!"

가격까지 가볍다
저렴한 가격이라는 쪽팔림을 격 있게 포장해주는 한 줄

○○○

'가격이 싸다', '가격이 저렴하다'보다 '가격이 가볍다'가 더 있어(?) 보입니다. 구매하는 사람의 자존심을 지켜줍니다. 해당 제품에 가볍다는 속성이 있을 때 더 잘 어울립니다. 무게를 낮춘 구스다운 같은 제품의 한 줄로 제격이죠. 가볍다는 개념 대신 (다소 건조하긴 하지만) '합리적이다'로 바꿀 수도 있습니다. "합리적인 사람들의 ○○, 가격까지 합리적입니다", 이렇게 쓰면 좋겠죠. 겨울이라면 가격까지 포근하다, 가격까지 따뜻하다도 좋습니다.

여름이라면 어떨까요? 쉽죠? 여러분이 채워보세요.
"가격까지 (   )"
가을은 어떨까요? 낙엽을 연상하면서 채워보세요.
"가격까지 (   )"
봄은 어떨까요? 꽃을 연상하면서 채워보세요.
"가격까지 (   )"

특장점을
살려라

이게 최고

맛있는 맥주는 크림 생수염을 남긴다 (맥스)
맛있는 맥주의 기준을 눈에 보이게 하는 한 줄

○○○

특장점을 한 줄로 나타내는 방법은 매우 광범위하고 무궁무진합니다. '이것이 특장점의 제대로 된 한 줄 사례다'라고 몇 개를 정형화하여 제시하기는 어렵습니다. 그럼에도 불구하고 이 사례를 꺼내는 건 그만큼 유의미한 패턴이기 때문입니다.

"맛있는 맥주는 크림 생수염을 남긴다." 이렇게 먼저 치고 나가면 크림 생수염이 남지 않는 맥주는 한순간에 맛없는 맥주가 되고 맙니다. 콕 찍어 말하지 않았는데도 말이죠. 특장점을 눈으로 확인할 수 있는 제품, 그러면서 그것이 독보적이라면 유용하게 쓸 수 있습니다. 같은 맥락의 한 줄로 어느 커피 광고에 쓰였던 잔에 남긴 원두 가루를 확인하라도 있습니다.

128

반드시 독보적인 특장점이 아니어도 좋습니다. 다른 경쟁제품에 있는 특장점이어도 상관없습니다. 먼저 치고 나가는 것이 중요합니다. 먼저 이야기하면 자기만의 한 줄이 됩니다. 뒤늦게 경쟁사들이 우리도 그 정도 특장점이 있다고 주장해봐야 오히려 도와주는 꼴이 됩니다. 이것을 마케팅에서는 '선점의 법칙'이라고 합니다.

비타500의 예를 생각해볼까요? 우리는 비타민 음료 하면 으레 '비타500'을 생각합니다. 비타민이 많이 들어간 음료라고 생각하죠. 사실 경쟁제품인 '비타1000'이 더 많습니다. 하지만 비타1000이 뒤늦게 우리가 더 많다고 이야기해봐야 소용이 없습니다. 이미 사람들의 머릿속엔 비타500이 비타민 C가 많이 들어간 비타민 C 음료의 대명사로 인식되어 있기 때문입니다.

백화점을 다 담다 (지마켓)
백화점으로 순간이동하게 하는 한 줄

ooo

백화점을 직접 가지 않아도 모바일 안에서 제품을 고르고, 구매까지 가능하다는 특장점이 잘 드러난 한 줄입니다. 백화점은 오프라인에서만 만날 수 있다는 생각을 깨주기도 하고요. 모바일이기에 가능하고 한 줄의 세계니까 가능합니다.

쉿! (레간자)
소음을 획기적으로 줄인 자동차의 특성을 표현한 한 줄

○○○

제가 신입사원일 때 나온 한 줄이니 무척 연륜(?) 있는 한 줄이네요. 하지만 지금도 제 기억 속에 다른 젊은 한 줄들 못지않게 젊고 위대한 한 줄로 견고히 자리 잡고 있습니다. 소음을 획기적으로 줄였다는 특장점을 이렇게 단 한 글자로 압축해내는 내공이 어마어마하지 않습니까? 사실 압축했다는 점도 대단하지만 수많은 특장점 중에서 단 하나 '소리'에 집중했다는 점이 정말 대단합니다. 소리는 단순히 소음이 작다는 차원이 아니라 자동차의 모든 품질을 단적으로 보여주는 특장점이기도 하니까요. 다른 자동차들이 우리는 파워도 좋고 안전하고 스타일도 멋지다는 등 여러 가지 장점을 늘어놓을 때 레간자는 딱 하나 '소리'에 집중하여 딱 한 줄, '쉿!'이란 표현으로 당시 자동차 광고 세계의 한 줄을 평정해버렸습니다.

제 생각에 20세기의 '쉿!'은 21세기에 '쓱'으로 계승되었다고 생각합니다. 화제가 된 SSG의 쓱 말입니다. 딱 한 글자지만 빨리 배송된다는 의미에 'SSG'라는 브랜드까지 다 담겨 있네요. 모바일 시대의 특성에 맞게 여기저기 패러디까지 되었고요.

저도 한 글자로 된 한 줄을 시리즈로 만들어본 경험이 있습니다. 학교 화장실 개선에 관한 건데요. 용변이 나오다 뚝 끊길 것 같은 칙칙한 화장실을 개선한다는 의미로 '뚝!'을 썼습니다. '쉬~'는 어릴 적 엄마가 쉬~

해줄 때의 편안함을 느끼게 해주는 화장실이란 의미로 썼고요.

 연습해볼까요? 딱 한 글자로 무언가의 특장점을 표현해보세요. 제품이어도 좋고 브랜드여도 좋고 사람이어도 좋습니다.

✎ ～～～～～～～～～～～～～～～～～～～～～～～～～～～～～～～～～～～

～～～～～～～～～～～～～～～～～～～～～～～～～～～～～～～～～～～

 참고로 한 글자 쓰고 끝내지 말고 뒤에 부제, 즉 보조하는 한 줄을 덧붙여보세요. 그래야 사람들이 쉽게 이해할 수 있습니다. 한 글자의 의미와 배경을 쉽게 눈치 챌 수 있겠지요. 레간자의 쉿!에는 소리 없이 강하다가 보조하는 한 줄로 붙어 다녔습니다.

경쟁자를
건드려라

안 돼요? 캐리어는 되던데 (캐리어에어컨)
기술적으로 약올리는 한 줄

○○○

배우 이서진이 TV 광고에서 에어컨에 대한 여러 가지 주문을 누군가에게 늘어놓습니다. 에어컨은 이러이러한 성능이 있어야 하고…… 그러다가 "안 돼요?" 하고 되묻습니다. '저 까다로운 기준들을 다 만족하는 에어컨이 어디 있겠나?' 이런 생각이 들 찰나 "캐리어는 되던데!"라고 응수합니다. 이 광고에서 이서진의 야유(?)를 당하는 대상은 경쟁사 영업사원, 즉 경쟁사였던 거죠. (아니, 그걸 알면 애초에 캐리어 측과 얘기할 것이지……)

오래(?)되긴 했지만 초고속인터넷(ADSL) 도입 초기에 등장한 따라올 테면 따라와봐도 경쟁사를 약올리는 측면에서는 같은 맥락입니다. '느린 인터넷' vs '빠른 인터넷'의 대결구도입니다. 찐터넷, 더 이상 참지 맙시다와 같은 한 줄도 있었습니다. "따라올 테면 따라와 봐"는 지금도 검색하면 기사나 SNS에서 그대로 쓰일 만큼 유행을 타지 않는 저력을 보이고 있죠. 인터넷이 느린 게 확실하다면 경쟁사 입장에서도 반박할 여지가 없습니다. 느린 게 미덕이라고 할 수는 없으니까요. 경쟁사가 할 말 없게 약올리는 한 줄의 사례, 여러분은 어떤 게 떠오르시나요?

✎ ～～～～～～～～～～～～～～～～～～～～～～～～～～～～～

～～～～～～～～～～～～～～～～～～～～～～～～～～～～～

지질 필요 없이, 바를 필요 없이 vs 아픔은 잠깐, 행복은 오래오래

(아프니벤큐 VS 알보칠)

대놓고 한판 붙자는 한 줄

○○○

구내염 제약시장에서 부동의 1위는 '알보칠', 2위는 '오라메디'였습니다. 2016년에 출시된 신제품 '아프니벤큐'는 어떤 한 줄로 이들의 약점을 털었을까요? 지질 필요 없이! 바를 필요 없이!였습니다. 구내염으로 고생해본 분들은 눈치 챘겠지만 지지는 것은 '알보칠', 바르는 것은 '오라메디'입니다. 보자보자 하던 알보칠이 참지 못합니다. 대응광고를 내보냅니다. 아픔은 잠깐! 행복은 오래오래~ 입병해방 급행열차라는 한 줄로 말입니다. 사실 바르는 순간 지지는 듯한 통증이 느껴져서 그렇지 효과 면에서는 알보칠이 더 낫다는 걸 강조하고 있습니다. 알보칠로 빨리 낫고 먹고 싶은 음식 마음껏 먹으라는 메시지입니다. 졸지에 아프니벤큐는 완행열차가 되어버린 거고요.

제품끼리 브랜드끼리 서로의 약점을 공략하며 치고받는 사례는 이외에도 많습니다. 생각나는 대로 보이는 대로 적어보세요.

✎ 〰〰〰〰〰〰〰〰〰〰〰〰〰〰〰〰〰〰〰〰〰〰〰〰〰

〰〰〰〰〰〰〰〰〰〰〰〰〰〰〰〰〰〰〰〰〰〰〰〰〰〰

너와 헤어져야 할 이유가 생겼어 (LG V30)
우아하게 뒤통수치는 한 줄

ⁿ₀₀₀

과거에 이동통신 광고의 혈전이 주류를 이뤘다면 요즘은 스마트폰 광고죠. 삼성 갤럭시 노트8를 공략하는 LG V30을 볼까요? 펜을 부러뜨리는 장면과 함께 뭐가 다른지 똑 부러지게 보여줄게라는 한 줄이 나오고요. 또 다른 광고엔 노트 한 장을 구겨 내던지면서 너와 헤어져야 할 이유가 생겼어라는 한 줄이 나옵니다. 앞의 '아프니벤큐 VS 알보칠'의 경우처럼 대놓고 드러내진 않지만, 갤럭시 노트를 염두에 두었다는 건 자명하죠.

그렇다면 갤럭시 노트는 이에 맞서 싸우는 게 좋을까요? 그렇지 않습니다. 공격을 당하는 쪽은 보통 1위 브랜드입니다. 저런 방식의 한 줄들은 '네가 1위인 게 못 마땅해'라는 말의 또 다른 표현입니다. 왜 부러뜨리고 왜 구겨 던지는 걸까요? 그건 삼성 갤럭시를 의식하는 LG 스마트폰의 마음이자 광고주의 마음이기도 합니다. LG 스마트폰이 시비를 거는 데 일일이 맞서 싸우면 2위 브랜드와 같은 급이 되어버립니다. 경쟁사가 뭐라 하건 자기 이야기를 계속 해나가면 됩니다.

아프니벤큐 VS 알보칠의 경우는 조금 다릅니다. 아프니벤큐는 가글 형태로 약을 쓰는 방식 자체가 기존의 것과 완전히 다른 신제품입니다. 충성도가 강한 스마트폰 유저들과는 비교할 수 없습니다. '나 알보칠 쓴다'고 어디 가서 자랑하지도 않고, 알보칠 유저, 아프니벤큐 유저끼리 싸울 일도 없습니다. 알보칠의 입장에서는 저런 존재가 충분히 위협적입니다. 만약 시장의 판도를 흔들 가능성이 있다면 받아치는 게 맞습니다. 모든 한 줄이 마찬가지지만 그때그때 다르고 상황에 따라 대응하는 방법도 달라야 한다는 점, 잊지 마세요!

크게
보이게 하라

복어전술

의자가 인생을 바꾼다 (시디즈)
사소해 보였던 것들을 재발견하게 하는 한 줄

ooo

엉덩이 밑에 있어 한번 앉으면 볼 일도 거의 없는 의자가 인생을 바꾼다니 무슨 소릴까요? 의자가 인생을 바꾼다라는 한 줄은 이를 만든 사람이 의자와 함께하는 '시간'을 예사롭게 넘기지 않았기 때문에 탄생한 듯합니다. 의자는 공부하는 학생이든, 사무직 회사원이든 굉장히 오랜 시간을 함께합니다. 게다가 거의 온몸을 떠받치고 있습니다. 좋은 의자는 단지 편안함을 넘어 바른 자세와 학습 능력이나 업무 능률을 올려주니까, 이것들이 쌓이고 쌓여 인생을 변화시킨다는 의미입니다. 학습과 업무 능률을 올려주는 시디즈, 얼마나 뻔하고 재미없나요? 남들이 사소하게 넘기는 것들도 깊이 있게 관찰하여 뭔가 건수(?)를 만들어내는 습관이 한 줄을 만드는 사람에겐 꼭 필요합니다.

아이들을 위한 시디즈 의자 광고의 한 줄, 우리 아이 바른 자세, 엄마의 잔소리가 아니라 의자가 만듭니다도 같은 맥락으로 볼 수 있습니다.

가구회사 일룸에서 만든 침대, 모션베드의 한 줄은 이렇습니다. 집에서 가장 큰 가구, 침대의 능력을 깨우세요. 사실 집에서 가장 큰 가구는 장롱 아닐까 생각되지만 어쨌든 침대가 집에서 큰 비중을 차지하긴 합니다. 공간을 많이 잡아먹는다는 거죠. 장롱은 필수에 가깝지만 침대는 선택에 가깝다는 점도 한몫하고요. 이를 잠자는 용도로만 쓰기엔 너무 아까우니 높낮이 등을 조절하여 독서나 휴식 등 다양하게 쓰자는 겁니다. 그런데 왜 침대의 능력을 살리자도 아니고 깨우자고 했을까요? '침대가 지금까지는 자고 있는 것과 마찬가지다(잠자는 용도로만 쓰니까 낮에는 침대도 자는 거죠). 그러니 당연히 능력을 발휘할 기회가 없었다'는 걸 빗대어 이야기한 겁니다. 집에서 가장 큰 가구, 침대를 일하게 하세요로 바꿔볼 수도 있겠습니다. 바이럴을 위해 좀 더 재밌게 간다면 집에서 가장 큰 가구, 침대가 밥값을 하고 있나요?로 질문을 던질 수도 있고요.

그러고 보니 침대의 한 줄로 더 유명한 게 있었죠? 침대는 가구가 아닙니다, 과학입니다. 에이스침대의 한 줄입니다. 침대를 취침 용도로만 한정하여 그 전쟁터에서 싸운다면 어떤 한 줄을 갖다 붙여도 이 제품을 이기긴 어렵죠. 세상은 변하고 있습니다. 기술도 변하고 있고요. 발상을 바꿔 침대를 그 이상의 용도로 생각한다면, 다시 말해 전장을 바꾸면 1위 브랜드와도 맞장 뜰 힘이 생깁니다. 카피라이터 김대곤은 지도상의 작은 섬 독도를 우리 마음속에서 가장 큰 섬으로 표현했습니다.

평소에 작게 느껴지는 소재들로 연습해볼까요? '나사' 또는 '미꾸라지'를 어떻게 표현해볼까요?

✏️ ～～～～～～～～～～～～～～～～～～～～～～～～～～～～～～～～

～～～～～～～～～～～～～～～～～～～～～～～～～～～～～～～～～～～～

왜 기름값 오르는 덴 민감하면서 보험료 15%에는 둔감하십니까? (교보자동차보험)
비교를 통해 크게 보이게 하는 한 줄

ooo

왜 ○○는 ○○하면서 ○○는 ○○하십니까?는 꼭 기억해두어야 할 한 줄 패턴입니다. 교보자동차보험의 한 줄은 그 많은 예 중 하나일 뿐입니다. 그만큼 많이 쓰여 다소 식상할 수 있지만, 여전히 효과가 있기 때문입니다.

왜 그럴까요? 앞의 상황(기름 값 변동)은 소비자의 관심이 많고, 뒤의 상황(보험료)은 관심이 적다는 현실을 대비시켜 인식의 변화를 노리고 있습니다. "기름 값 인상에 민감하면서 왜 보험료를 더 내는 것은 민감하게 생각하지 않으세요? 15% 더 싼 교보에 가입하세요." 이런 뜻입니다.

간은 당신을 위해 500가지 일을 하는데, 당신은 지친 간을 위해 한 가지 일을 못하는가?(쿠퍼스 프리미엄) 표현 방식만 약간 다를 뿐 맥락은 같습니다.

어떻습니까? 이 한 줄, 단지 마케팅 싸움에서만 쓰이기엔 아깝죠. 빈틈을 파고드는 전략적 한 줄의 패턴으로 상당히 유용합니다. 강의 중에 쓸 수도 있고, 책의 한 구절로도, 블로그 포스팅 제목으로도 쓸 수 있습니다. 어떤 학생은 학교의 주인은 학생이라면서, 학교는 왜 교직원 화장실이 더 좋은가?라는 한 줄도 썼어요. 왜 얼굴은 매일 닦으면서 몸속은 한 번도 안 닦으세요?도 있습니다. 아마 장 청소나 건강 보조식품과 관련된 분이 만든 한 줄이겠죠?

연습해볼까요? 앞에는 뭘 넣고 뒤에는 뭘 넣어야 할지 감 잡으셨죠? 앞에는 중요하게 생각하는 것, 뒤에는 사소하게 생각하는 것입니다. 연습도 쉬워요. 샴푸와 린스의 예로 해볼까요? 먼저 샴푸와 린스의 상관관계에 대해 생각해봐야겠죠? 사람들은 보통 샴푸가 가장 중요하다고 생각한다는 점, 마무리는 별로 신경 쓰지 않는다는 점을 생각해보면 됩니다. "샴푸는 좋은 거 쓰면서 린스는 왜 아무거나 쓰세요?" "왜 머리는 감을 때만 신경 쓰고, 헹굴 때는 대충 하세요?"로 약간의 변형을 줄 수도 있습니다.

여러분이 생각하는 사례로 한번 만들어보세요.

타깃을
확장하라

양다리질

음악을 좀 하는 당신도, 음악을 좀 하고 싶은 당신도
낙원상가의 한 줄

○○○

낙원상가에 갈 정도면 '음악에 관심이 많거나 업으로 삼고 있는 사람 아닐까' 하는 편견을 깨주는 한 줄입니다. 편견을 깨야 한다고, 새로운 타깃을 잡아야 한다고 "음악을 막 시작하는 당신을 위한 낙원상가", 이렇게 만들면 이상해집니다. 기본적으로 유지하고 있는 타깃과 상가의 이미지를 포기하는 것은 위험하니까요. 당연히 둘 다 잡는 게 맞습니다.

"프로 뮤지션도, 아마추어도…… 낙원상가"는 어떨까요? 짧아서 좋긴 하지만 너무 딱딱하고 건조하죠. 그냥 콘셉트에 머물러 있을 뿐입니다. '좀 한다, 좀 하고 싶다'는 딱딱한 문어체가 아닌, 일상생활에서 자주 쓰이는 구어체 표현입니다. "술 좀 하세요?" "좀 마십니다." "운동 좀 하세요?" "소싯적에 조금 했습니다." "영어 좀 하세요?" "아주 조금 합니

140

다." 우리 민족은 겸손(?)한 민족이죠. 반면에 남 잘되는 꼴을 못 보는 면도 강하고요. 실제로는 영어를 잘해도 '좀 한다'고 하잖아요. 그게 상대에 대한 미덕이자 혹시 모를 '뽀록'에 대한 탈출구 전략인가 봅니다. 음악을 좀 하는 당신도, 음악을 좀 하고 싶은 당신도에서 '좀'을 빼고 읽어보면 이해가 갈 겁니다.

같은 시리즈로 이렇게 이어가보는 건 어떨까요? 낙원상가는 크고 비싼 악기(키보드, 기타, 드럼 등)를 사는 고객만 상대한다는 편견이 있을 수 있겠죠. 작고 상대적으로 싼 악기(하모니카, 오카리나 등)는 많이 취급하지 않거나 홀대할 거라는 편견이 따르겠죠. 드럼을 사려는 당신도, 하모니카를 사려는 당신도······ 낙원상가. 이렇게 나올 수 있겠네요.

연령대로 이어가보는 건 어떨까요? 고연령과 저연령이라는 팁만 드리겠습니다. 설마 "나이 지긋한 당신도, 나이 어린 당신도", 이렇게 풀지는 않으시겠죠?

✎ ～～～～～～～～～～～～～～～～～～～～～～～～～～～～

～～～～～～～～～～～～～～～～～～～～～～～～～～～～～～

이번엔 스토리를 담아 풀어보세요. 조금 길어도 좋습니다. 나이 지긋한 악사의 스토리, 나이 어린 음대생의 스토리로. 그들의 모습과 표정을 상상하면서 말이죠.

✎ ～～～～～～～～～～～～～～～～～～～～～～～～～～～～

～～～～～～～～～～～～～～～～～～～～～～～～～～～～～～

늦은 아빠
메트라이프의 한 줄

◦◦◦

결혼이 늦어지면서 나이 많은 아빠들이 늘고 있다는 점을 보험사 메트라이프가 놓치지 않았네요. 늦게 아이를 가진 아빠라면 그만큼 젊은 아빠들에 비해 아이를 어떻게 키울까에 대한 걱정이 클 수밖에 없죠. 보험과 딱 맞아떨어지는 연결고리입니다. 그래서 메트라이프는 늦은 아빠들의 고민과 생각을 댓글로 받는 '2016년 늦은 아빠 공감 캠페인' 이벤트를 벌였죠. '나이 많은 아빠'의 걱정 많고 콤플렉스 있는 타깃을 후벼 파거나, '고연령 아빠'라고 건조하게 접근하지 않고 늦은 아빠라고 부드럽게 돌려 이야기하는 점도 고단수입니다.

굳이 여기선 낙원상가의 경우처럼 "빠른 아빠도 느린 아빠도…… 메트라이프"라고 할 필요는 없습니다. 낙원상가 광고하는 건 거의 못 보셨죠? 보험사 광고는 엄청나게 많습니다. 그 많은 광고 중에 한 캠페인 정도 늦은 아빠를 건드려주는 겁니다. 이걸로만 파겠다고 하는 것도 아니고 한번 다독여주고 가는 겁니다. 타깃을 세분화하면서 새롭게 파악한 타깃을 선점하는 전략입니다.

링을
벗어나라

장소 이동

침대는 가구가 아닙니다. 과학입니다
에이스침대의 한 줄

○○○

앞에서도 잠깐 언급한 적이 있습니다. 상당히 오래된 한 줄임에도 여전히 불후의 한 줄로 인정받고 있는데요. 우리는 오래된 가요 중 괜찮은 건 불후의 명곡이라 하면서, 마케팅에 쓰이는 한 줄들은 조금만 오래되어도 노땅 취급을 합니다. 그만큼 마케팅과 광고 트렌드가 자주 바뀌고 늘 새로운 걸 찾아내야 하는 업의 특성을 이해 못하는 바는 아니지만, 그래도 인정할 건 인정해야 하지 않을까요?

침대는 가구가 아닙니다, 과학입니다가 나온 배경을 알 필요가 있습니다. 당시엔 가구회사에서 침대를 만들었습니다. 당연히 침대는 가구라는 인식이 강했고, 가구회사에서 만든 침대를 별 고민 없이 선택했습니다. 에이스는 회사명에서 알 수 있듯이 침대 전문이고요. 당연히 숙면과 허리 건강에 초점을 맞추었습니다. 인체공학을 반영한 제품을 만든 다는 거죠. 그러려면 어떤 한 줄이 필요하겠습니까? "에이스, 기존 침대 와는 차원이 다릅니다"는 어떨까요? 무척 공허하죠. 뭔가 핵심이 빠져 있고 허세만 잡으려는 꼴입니다. 초보자들은 이런 허세 넘치고 실속은 없는 한 줄을 쓰기 쉽습니다. 주의해야 합니다.

　가구가 만들어놓은 막강한 인식의 링을 벗어나야 합니다. 그 안에서 싸우면 집니다. 그러려면 철저한 부정이 필요합니다. 어설프게 부정하면 안 하느니만 못합니다. "에이스침대는 가구와 다릅니다." 이 정도로는 안 됩니다. '다르다'가 아니라 '아니다' 정도는 나와야 사람들이 '뭔 소리 야?' 하고 주목하게 됩니다. 인식의 전환을 이뤄낼 물꼬를 터주는 거죠. 그다음엔? 에이스가 지향하는 바가 나와야 합니다. "과학입니다." 대단 하지 않습니까?

　○○는 ○○가 아닙니다, ○○입니다. 이 또한 굉장히 유용한 한 줄 패 턴입니다. 꼭 익혀두세요. 연습해볼까요? 콘돔은 그냥 피임기구가 아닙 니다, 피부가 입는 옷입니다. 패셔너블한 신제품 콘돔이라면 시도해볼 만한 한 줄입니다. 야광콘돔이라면 어떻게 변형할 수 있을까요? 정답은 없으니 최대한 재밌게 한 줄로 만들어보세요. 경광봉이나 야광봉을 연 상해도 좋습니다.

고정관념을 깨고 싶은 또 다른 소재가 있다면 만들어보세요.

이익을
강조하라

뭐가 좋아?

시간을 드립니다
동양매직 식기세척기의 한 줄

ㅇㅇㅇ

마케팅에서 소비자의 이익을 강조하는 건 불변의 법칙입니다. 상품의 특성을 설명하는 한 줄도 중요하지만, 그래서 타깃에게 어떤 이익을 가져다주느냐를 소비자 입장에서 풀어주는 한 줄이 더 중요하고 효과적인 경우가 많습니다. 기본 중의 기본입니다. 예를 들면 "이 제품은 최신 기술의 LED 등입니다"보다 이 제품은 LED 등이라 전기료가 확 줄어듭니다가 더 와닿습니다. 도대체 나한테 무슨 이익이 있는지를 제시해야 구매로 연결될 수 있습니다.

동양매직 식기세척기는 남들이 다 이야기하는 이익의 관점에서 벗어났다는 점이 놀랍습니다. 주부에게 바로 '시간'이라는 이익을 선물해준다고 했으니까요. 보통 "설거지하는 수고를 덜어준다", "손에 물 묻히는

146

수고를 덜어준다" 정도의 이익에서 머물기 쉽죠. 그게 나쁜 건 아닙니다. 그 정도의 이익을 강조하는 게 필요할 때도 있습니다.

하지만 식기세척기는 조금 다릅니다. 당시만 해도 고가여서 좀 여유가 있는 집에서 구매하는 제품이었습니다. 있는 집의 주부들은 어떤 것에 더 공감할까요? 단순히 손에 물 안 묻히는 거? 아닐 겁니다. 일차원적이죠. 바로 설거지하는 시간, 설거지가 앗아간 시간에 대한 회복. 설거지를 식기세척기에 맡기면 나는 뭔가 다른 일, 혹은 여유를 찾을 수 있는 시간이 늘어나는 거죠.

'시간'을 이익으로 제공했다면 '공간'도 생각해볼 수 있지 않을까요? 기존의 덩치 큰 제품을 획기적으로 작게 만든다면 단지 작아서 '놓기 좋다', '예쁘다'가 아니라 '공간'이 생겼다로 풀어주는 게 좋겠죠. 또한 단순히 공간이 생겼다가 아니라 어떤 공간인지를 스토리에 담아주는 게 좋습니다.

동양매직 식기세척기도 광고의 구체적인 내용에서는 남편과 춤을 즐기는 시간으로 풀었거든요. 집안이나 책상 위에 놓인 덩치 큰 어떤 제품이 작아지는 상상을 하면서 '공간'이라는 이익을 강조한 한 줄을 만들어보세요.

일차원적인 이익을 넘어 더 높은 가치를 이익으로 끌어당겨 보세요.
여러분이라면 어떤 한 줄로 가치를 끌어오겠습니까?

시선을 멈추고
마음을 흔드는 한 줄 쓰기

가슴으로 알게 하라

비유

비유는 몰랐던 걸 알게 합니다.
막연하게 알고 있던 것을 구체적으로 알게 합니다.
머리로 알고 있던 것을 가슴으로 알게 합니다.
때론 누군가에게 영감을 주기도 합니다.

필름은 그릇이다
최초의 디카를 만든 한 줄

○○○

캐논, 니콘, 소니 같은 브랜드가 디지털카메라의 대명사로 알려져 있지만 최초의 디지털카메라는 코닥에서 만들었습니다. 다만 코닥은 시대의 흐름을 읽지 못하고 필름시장에만 안주하다가 시장에서 사라졌죠.

코닥에서 디지털카메라가 만들어진 계기는 필름은 그릇이다라는 한 줄의 비유 때문이었습니다. 이는 광고나 홍보에 쓰인 한 줄이 아닙니다. 최초의 디지털카메라 개발자인 스티브 사손이 개발 전 회사 내에서 공유한 말입니다. 필름은 그릇이라는 개념의 한 줄을 다른 직원들과 공유하면서 서로 영감을 주었고, 이것이 디지털카메라를 발명하게 된 계기가 되었습니다. 그릇은 형식이고 그 안에 든 음식은 내용입니다. 사람들의 웃는 모습이 내용이라면 이를 담는 필름은 형식입니다. 사진에 담기는 내용은 카메라 사용자가 정하지만 그릇은 굳이 필름이라는 형식이 아니어도 되지 않을까? 필름 말고 카세트테이프는 어떨까? 이러한 생각으로 발전하면서 세계 최초의 디지털카메라가 탄생했습니다. 만약 필름을 필름이라고만 생각했다면 최초의 디지털카메라 개발의 영예는 다른 직원이나 경쟁사의 손으로 넘어갔을지 모릅니다.

○○는 ○○다라는 짧은 비유 한 줄이 이렇게 엄청난 발명의 도화선이 되기도 합니다. 여러분도 시도해보고 싶지 않습니까?

철학은 멘탈의 이종격투기
철학의 전장으로 초대하는 한 줄

∘∘∘

인터렉션을 중시하는 철학 강의에서는 다음과 같은 광경을 많이 보게 됩니다. 교수가 어떠한 화두를 주면 학생들이 각자 자기주장을 펼치며 토론하는 모습 말이죠. 교수는 조정자 역할을 할 뿐 섣불리 결론을 내거나 특정한 방향으로 결론을 몰아가지 않는 것이 원칙입니다. 끝이 없는 멘탈 간의 싸움입니다. 철학은 멘탈의 이종격투기. 한국의 마이클 샌델로 불리는 철학자 김형철 교수가 강의에서 철학을 소개할 때 주로 쓰는 한 줄입니다.

샌델 교수의 책 제목처럼 '정의란 무엇인가?', '이런 상황에서 어떠한 선택을 할 것인가' 같은 질문을 두고 서로 다른 의견이 격돌하는 장면은 멘탈과 멘탈 간의 이종격투기라 불릴 만큼 치열합니다. 어차피 철학은 멘탈끼리 싸워가며 강해지는 것이니 몸을 사리거나 두려워하지 말고 과감하게 뛰어들라는 메시지입니다. 때론 지거나 다치며, 때론 승리하거나 상처를 회복하며……

말 없는 마차

자동차를 당시 대중의 눈높이에서 묘사한 한 줄

○○○

자동차가 처음 선보였을 때 사람들은 '자동차'라는 표현 대신 말 없는 마차라는 한 줄로 불렀습니다. 마차가 교통수단으로 쓰이던 당시 사람들에게 이보다 더 머릿속에 쏙 들어오는 비유가 있었을까요? 만약 이러한 비유가 없었더라면 사람들 사이에 커뮤니케이션이 제대로 되기란 무척 힘들었겠죠. 앞에서 이야기했듯 비유는 눈높이를 맞추는 것이기 때문입니다. 말 없는 마차는 새로운 기술이 등장했을 때 누구나 이해하기 쉽게 정의하고 이를 공유하는 '비유'의 속성을 잘 살린 말입니다.

[꼬리에 꼬리를 무는 한 줄]

비유의 한 줄 중 ○○ 없는 ○○ 형식을 유지하는 또 다른 한 줄들을 찾아볼까요. 앙꼬 없는 찐빵(핵심이 빠진 것에 대한 비유). 바람 잘 날 없는 나무(자식 많은 부모에 대한 비유). 이 정도는 누구나 쉽게 떠올리는 표현입니다.

창살 없는 감옥. 감옥은 아니나 행동에 제한을 받는 장소나 상태를 이를 때 쓰는 한 줄입니다. 털 없는 원숭이(인간에 대한 비유)는 인간을 원숭이의 관점에서 보았다는 점에서 새롭습니다. 그렇다면 원숭이를 인간의 관점에서 보면 어떨까요? '(   ) 많은 (   )'로 바꿀 수 있습니다. (   )을 채워보세요.

다만 이렇게 나온 결과물이 적확한지의 여부에 대해서는 판단할 필요가 있습니다. 결과물로 나왔을 '털 많은 인간'은 원숭이가 아니라 인간 중에서도 많다는 문제가 있습니다. 가끔 동물적인 인간을 원숭이에 비유하는 것은 그럴 수도 있겠다는 생각이 들지만 늘 동물인 원숭이를 인간으로 비유하는 것은 다소 무리가 있기도 하고요. 하지만 예를 들어 인간 못지않은 모성애를 보여주는 원숭이 사진과 함께 털 많은 인간이라는 한 줄이 붙는다면 괜찮겠죠?

한 방향만 파면서 안 된다고 고민하지 말고 다른 방향으로 파보면 다른 답이 나올 가능성이 높아집니다. 이렇게 저렇게 바꿔보고 아니면 또 다른 방향을 파고, 긴가민가하면 저장해두는 등 머릿속 게임을 빠르게 진행하는 습관을 기르면 한 줄을 만드는 힘이 무척 강해집니다.

소문은 가장 좋은 소개장
소문의 중요성을 체감하게 하는 한 줄

○○○

남녀가 사귀거나, 기업에서 사원을 채용할 때, 또는 어떤 사람을 평가할 때 그 사람에 대한 소문이 결정적인 역할을 하는 경우가 많습니다. 남에게 좋은 평가를 받는 사람은 그만큼 자신의 영역으로 엮이게 될 때 실패율을 최소화할 수 있기 때문입니다. 제품이나 브랜드도 마찬가지입니다. 요즘은 입소문이 SNS로 실시간에 확산되는 시대입니다. 제품이나 기업 이미지, 기업인의 이미지를 한 방에 보낼 수도 한 방에 끌어올릴 수도 있습니다.

이러한 소문의 중요성을 "소문이 무엇보다 중요합니다" 정도로 풀어 쓴다면 너무 재미없겠죠? '소개장'으로 비유하니 달라 보입니다. 힘이 붙습니다.

'소개장'을 '이력서'로 바꿔보는 것도 좋습니다. '자기소개서'는 어떨까요? 어울리지 않습니다. 소문은 남이 소개하는 것이니까요. 여러분이 생각하는 또 다른 대안으로 아래 빈칸을 채워보세요.

"소문은 가장 좋은 (   )."

이번엔 조금 장난을 쳐볼까요? '소개장' 대신 '육개장'은 어떨까요? "소문은 가장 좋은 육개장." 뭔가 어색하고 전달이 잘 안 됩니다. 약간의 살을 붙이는 게 좋습니다. 소문이 가장 좋은 육개장을 만듭니다_ 소문 듣고 찾아오신 여러분께 더 좋은 맛으로 보답하겠습니다. 육개장 전문점이라면 시도해볼 만합니다.

이번엔 '소개장' 부분을 바꾸지 말고 '소문'을 다른 단어로 바꿔볼까요?

"(   )은 가장 좋은 소개장."

행복한 기억은 늙어서 안락한 쿠션이 된다
행복을 저축하게 하는 한 줄

○○○

나이를 먹을수록 압니다. 전 같지 않다는 것을. 그러다 보면 몸도 마음도 어딘가에 기대고 싶어집니다. 사물일 수도, 사람일 수도, 또 다른 무엇일 수도 있습니다. 안 올 것 같지만 누구에게나 찾아옵니다. 그때가 되면 과연 무엇에 기댈 수 있을까요? 위의 한 줄은 "행복한 기억은 늙어서 꼭 필요하다"라는 뻔한 메시지를 벗어났습니다. 행복한 기억의 장점을 '쿠션'으로 비유하면서 분위기가 달라졌습니다. 우리도 한번 바꿔볼까요. 어떤 부분이 가장 바꾸기 쉬운가요? 그렇습니다. '(안락한) 쿠션'을 다른 단어로 바꿔보겠습니다.

행복한 기억은 늙어서 에어백이 된다는 어떨까요? 좀 더 심플하게 줄이면 행복한 기억은 노년의 에어백으로 줄일 수 있습니다. 선택하기 나름입니다. 행복한 기억은 노년의 안전장치로 바꿀 수도 있습니다. '안락' 쪽으로 풀면 쿠션 같은 사물이 되고, '안전' 쪽으로 풀면 에어백이나 안전장치 같은 사물이 됩니다. 안락함을 느끼게 하는 사물이 무엇인지, 안전을 느끼게 하는 사물이 무엇인지 찾아서 대입해보면 됩니다.

'노년'이란 단어를 바꿀 수도 있습니다. 행복한 기억은 중년의 에어백. 이런 방식으로 바꿔보면 다양한 타깃에게 전할 수 있습니다. 단지 명언으로 그치는 게 아니라 웃음치료 강의 중 전하는 한 줄이 될 수도 있고, 쿠션이나 침구류 광고의 한 줄이 될 수도 있습니다. 그냥 '편안한 쿠션'이 아니라 행복한 기억처럼 편안한 쿠션, 행복한 기억이 쌓이는 쿠션, 쿠션 위에 행복한 기억이 쌓입니다 등으로 바꾸면 타깃에게 각각 다른 느낌으로 다가갈 수 있습니다. 제품에서 브랜드로 격이 올라갑니다. 명언에 그칠 뻔했던 한 줄이 마케팅에 먹히는 한 줄로 이어지도록 연습할 수 있다니 이 얼마나 신나는 체험인가요?

이번엔 '행복한 기억'을 다른 사물에 비유해볼까요. 행복한 기억에 연관된 사물을 떠올리면 됩니다. 전 '사진'이 떠오르네요. "남는 건 사진뿐"이라는 말도 있지 않습니까? "사진은 늙어서 안락한 쿠션이 된다." 뭔가 어색합니다. 사진은 보는 것이라서 쿠션의 기대는 속성과 잘 어울리지 않기 때문입니다. 사진은 그 시절로 날아가는 직행노선이다. 젊은 층이 타깃이라면 비행기를 뜻하는 직행노선이 좋을 수도 있고, 나이 든 사람이 타깃이라면 '완행버스'나 '관광버스' 정도가 유리할 수 있습니다. 사진은 그 시절을 둘러보는 관광버스다. 사진 한 장이 아니라 앨범이라면 완행버스나 관광버스가 더 잘 어울립니다. 사진은 그 시절로의 순간이동이다, 사진은 그 시절로 가는 타임머신이다 등 또 다른 다양한 꼬리 물기와 변형이 가능합니다.

여러분도 이렇게 다양하게, 마음 내키는 대로 바꿔보세요.

또 다른 사례들을 살펴볼까요? 마케팅·광고에 쓰이는 한 줄의 예입니다. 바지 속의 정장(보디가드). '빤스'를 '팬티'로 격상시켜준 한 줄입니다. 옷은 조그만 집이다. 주머니 하나하나가 방이다(힌트 사파리재킷). '옷'을 '집'에 비유했네요. 주머니의 소중함을 다시 보게 하는 한 줄이죠. 간장의 안전벨트(리카바). 간장을 보호하는 약의 역할을 상기시켜줍니다.

액체 다이아몬드. 향수의 가치를 고급지게 표현한 한 줄입니다. 사랑은 느낌표, 결혼생활은 물음표, 이별은 말없음표 혹은 마침표. 사랑하고 헤어지는 과정을 문장부호로 보여주는 한 줄입니다. 엄마의 가슴은 아이의 놀이터(앙떼떼). 아이와 엄마가 하나 된 모습을 떠올리게 하는 한 줄입니다. 효과 빠른 멍 지우개(벤트플라겔). 멍이 지워지는 모습을 연상하게 하는 한 줄입니다.

속담에서 살펴볼까요? 너무 많아서 모두 언급하긴 어렵습니다. "물 들어올 때 노 젓는다." "바람 불 때 연 날린다." 둘 다 같은 의미입니다. 기회가 왔을 때 망설이지 말고 실행에 옮기라는 거죠. "아니 땐 굴뚝에 연기 나랴?" "빈 수레가 요란하다." "가랑비에 옷 젖는다." "가지 많은 나무에 바람 잘 날 없다." "개밥에 도토리." "개천에서 용 난다." "백짓장도 맞들면 낫다." 이처럼 속담은 거의 대부분 비유입니다.

이제 여러분이 속담에서 비유로 된 사례들을 찾아보세요. 그리고 그 속담에서는 어떤 사물에 빗대고 있는지도 생각해보세요.

조선판 펠레의 저주
어렵고 먼 역사를 쉽고 가깝게 해준 한 줄

○○○

일본군은 얼레빗, 명군은 참빗. 무슨 뜻일까요? 임진왜란 때 백성들 사이에 돌던 말입니다. 이를 잡을 때 쓰는 게 참빗인데요. 그만큼 남김 없이 싹 쓸어간다는 거죠. 침략한 일본군보다 도와주러 온 명군의 수탈 과 압박이 더 심했던 상황을 말합니다.

임진왜란 하면 빼놓을 수 없는 류성룡의 《징비록》. 이 책에 평양성 전 투의 처절함을 표현한 문장이 나옵니다. 불화살은 베로 천을 짜듯 하 늘을 채웠고, 칼과 창은 고슴도치 같았다. 직접 보고 경험한 사람이면 서 단순한 관료가 아닌 학자, 외교관, 문장가이자 종군기자 역할까지 해낸 류성룡의 경험이 절절하게 녹아 있는 한 줄입니다.

그런데 비유로 만든 한 줄들을 보면 뭔가 공통점이 떠오르지 않나 요? 거의 대부분 '사물'에 비유합니다. 눈에 보이는 사물, 일상에서 쉽게 접할 수 있는 사물에 비유하면 상대방의 머릿속에 훨씬 더 명료하게 그 려집니다. '사람', '사건'에 비유하는 것도 자주 쓰입니다. 결국 '3사(사물, 사람, 사건)'네요.

KBS 〈역사저널 그날〉에는 조선판 펠레의 저주라는 한 줄이 쓰였습 니다. 황희 정승이 촉이 안 좋아 늘 줄을 잘못 섰다는 사실을 신병주 교 수가 '사건', '사람'을 통해 비유한 사례죠. 과거를 알기 쉽게 설명할 때

현재의 사물, 사건, 사람으로, 현재를 알기 쉽게 설명할 땐 과거의 사물, 사건, 사람으로 비유하면 좋습니다. 다만 상대방의 경험과 이해 수준에 맞춘 사례를 활용해야 효과가 있겠죠.

〈역사저널 그날〉에서 언급된 또 다른 비유를 몇 가지 더 살펴볼까요?

내시: 궁궐의 119 (왕이 위급 상황 시 내시가 업고 뛰었던 것을 비유. 신병주)

집현전: 세종의 싱크탱크

숙종 VS 송시열: 중학생 VS 명예교수 (이윤석)

김육: 대동법이란 숯을 지고 밤새도록 걸어서 백성에게 환한 아침을 남겨준 거죠. (이윤석)

하멜표류기: 버려진 초대장 (조선이 세계로부터 초청장을 받았지만 결국 버렸음을 비유. 이윤석)

현종 시대: 조선판 IMF 시대 (신병주)

병자호란에서의 청군: 켄타우로스처럼 그쪽은 그냥 자기 몸이 말(馬)인 거예요. 우리는 말을 타는 건데, 그들은 하반신이 말인 셈이지요. (이윤석)

균역법: 요즘의 대학 반값 등록금 같은 일종의 반값 군포 (신병주)

금표 지역: 조선판 그린벨트 (연산군이 금표구역을 지정하여 농사나 목축, 벌목 등을 금지한 것을 비유. 신병주)

세종: 우리 역사엔 세종이란 보름달이 있죠. (신병주)

몇 가지 특기할 만한 비유를 뽑아봤는데 신기하게도 대부분 신병주 교수와 개그맨 이윤석 씨의 비유였네요. 건국대 역사학과 교수인 신병주 교수는 낯설고 어려운 역사를 쉽게 풀어주는 강의로 유명합니다. 수

강신청 때마다 학생들이 몰려 전쟁을 치른다고 합니다. 비유가 자기 브랜드의 가치까지 올려주는 거죠. 지금 보니 '조선판 ○○○'이라는 비유의 틀거리를 자주 쓰시네요. 과거의 역사를 현재의 사건, 사물, 사람 등과 연결하여 쉽게 풀어주는 비유 능력(꼭 이 때문만은 아니겠지만)이 인기 비결 아닐까요?

개그맨 이윤석 씨는 쉽게 풀어주는 비유는 물론이고 감성을 자극하는 비유에도 능하네요. 국민약골이라는 이미지와 달리 역사에 대한 지식과 다양하고 화려한 비유의 기술에서는 강골로 보입니다.

여러분이라고 못할 게 있나요? 평소 다른 사람에게 무언가를 설명하거나 표현할 때 비유를 자주 시도해보고, 비유를 활용한 한 줄 또한 많이 써보기 바랍니다.

제가 어머니에게 스마트폰 사용법을 알려드리면서 썼던 비유 사례로 마무리하겠습니다.

☞ "아이폰이랑 스마트폰이랑 뭐가 다르지?" "현대자동차와 자동차가 다른 것과 마찬가지입니다."
☞ "카카오톡 친구들이 나한테 푸념도 하고 개중엔 젊은 애가 반말도 하는 것 같은데?" "자기소개입니다. 어머니에게 보낸 게 아니라 어머니 눈에 띈 거예요. 어머니가 스마트폰이라는 유리창을 통해서 저 건너편 동 유리창에 붙은 자기 집 소개를 보는 것과 마찬가지예요"
☞ "네가 사준 이 스마트폰은 액정을 똑똑 두드리면 켜진다는데 왜 그

러니?" "노크온기능이에요. 배터리를 아끼기 위해 잠시 잠자는 스마트폰을 똑똑 두 번 두드려 깨우는 거예요. 화장실에서 똑똑 두드리면 안에서 반응하듯 말이죠. 안에서 반응을 안 하면 사람이 없듯, 스마트폰을 똑똑 두드려도 반응이 없으면 배터리가 다된 거예요."

생명 아닌 것에게 체온을

의인화

말하지 못하는 것과
생명이 아닌 것에게
말문을 열어주면,
체온을 불어넣어주면,
나와 다르지 않은 생명으로 대우해주면
한 줄의 힘이 달라집니다.

덥지?

사물(死物)을 생물(生物)로 만든 한 줄

°°°

참 더운 날이었습니다. 점심을 먹고 올라간 도서관 옥상은 두말할 필요도 없겠지요. 내려다보니 서울은 거대한 찜질방이었습니다. 그 더위 한복판에 서서 무언가를 들고 있는 한 아이가 눈에 들어왔습니다. 표정은 웃고 있었지만 힘들어 보였습니다. 다행히도 전 아이스커피 한 잔을 들고 있었죠. 혼자만 마시기 미안했습니다. 아이에게 커피를 건넸습니다. 그리고 이런 한 줄을 전했습니다. 덥지?

어떻습니까? 아이가 시원해하는 모습이 느껴지세요? 그냥 보면 벽면에 래핑된 인쇄물일 뿐이지만, 애착을 갖고 보면 대화를 나눌 수 있는

친구가 됩니다. '사물(死物)을 생물(生物)로 대해주는 것!' 이것이 바로 의 인화입니다. 그 의인화가 한 줄에 담길 때 엄청난 힘이 발생하지요. 만약 이런 한 줄이 SNS를 통해 전달된다면 평범한 한 줄보다 더 많은 공 감을 얻을 수 있습니다.

보통 사람들은 그냥 이런 한 줄을 쓰기 쉽습니다. "커피 한잔 할래?" 중언부언입니다. '커피'니 '한잔'이니 하는 단어가 필요 없습니다. 아이가 커피 마시는 이미지로 이미 충분히 표현되기 때문입니다. 덥지? 딱 두 글자만으로도 모든 게 표현됩니다. 너무 줄인 거 아니냐고요? 줄일수록 더 많은 것을 표현할 수도 있습니다. 읽는 사람의 상상력을 자극할 수 있게, 스토리가 설명이 되지 않도록 약간의 여지를 남겨야 한다는 것, 잊지 마세요!

그런데 왜 의인화된 한 줄은 힘이 셀까요? 첫째, 동심을 건드려주기 때문입니다. 영화나 책, 애니메이션 등에서 익히 경험했지요. 《토이스토리》, 《개미》, 《마당을 나온 암탉》 등을 보면 말할 수 없는 것들이 말을 합니다. 동물이 사람처럼 이야기를 하고요. 동심의 세계에선 가능한 일입니다. 하지만 나이가 들고 어른이 되면서 현실이라는 벽이 상상을 가로막게 되지요. 의인화는 어른의 때 묻은 필터를 아이의 맑은 눈으로 잠시나마 교환해줍니다. 카카오프렌즈나 라인프렌즈에 젊은 층은 물론 나이 든 층까지 열광하는 것도 그런 이유입니다. 서울시에서 몇 년 전 서울대공원의 돌고래 제돌이를 바다로 돌려보내는 행사가 있었죠. 제가 그때 만들어 기념비, 현수막은 물론 KBS 다큐멘터리 제목에까지 두루두루 쓰인 한 줄은 이렇습니다. 제돌이의 꿈은 바다였습니다.

둘째, 역지사지이기 때문입니다. 의인화된 한 줄은 사람의 마음을 차분하게 합니다. 남의 마음을 이해하고 공감할 수 있게 합니다. 《기적의 손편지》를 쓴 윤성희 작가는 잠자리를 잡아 뭔가 실험(?)을 하려던 아이들의 마음을 다음과 같은 한 줄로 돌렸습니다. 엄마에게 보내주자.

셋째, 신기하기 때문입니다. 세상에는 사물의 종류가 너무도 많습니다. 모든 것이 다 의인화의 소재입니다. 지금 당장 여러분 눈앞에 보이는 사물을 사람처럼, 또 하나의 인격체로 대해보세요. 말을 건네보세요. 신기한 일이 벌어집니다. 내가 어떤 이야기를 건네고 어떤 이야기를 받아낼 수 있을까. 상상만 해도 즐거워집니다.

이제 또 다른 한 줄을 살펴볼까요? 만약 신용카드가 말을 한다면 어떨까요? 굿모닝 해진 씨. 술 좀 그만 드세요. 일주일째 술집 결제하고 있잖아요. 영화 〈Her〉를 재구성한 이 광고영상은 유튜브에서 조회 수가 무려 636만 건에 이릅니다(2018년 7월 기준). 광고영상 조회 수로는 엄청나지요. 유해진 씨의 연기도 좋았지만, 마치 비서나 연인처럼 달달한 목소리로 말을 하는 의인화된 카드와 결국 사랑에 빠진다는 설정도 큰 몫 했다고 봅니다.

그런데 신용카드를 군이 의인화한 이유는 뭘까요? 신용카드에 대한 부정적 인식을 극복하기 위해서입니다. 유해진 씨와 성우(이나영 씨)가 주고받는 이야기를 들어보면 알 수 있습니다. 유해진 씨가 갖고 있는 신용카드의 닉네임은 '사라'입니다. "너네들 우리보고 신용카드로 물건 팍팍 사라는 거 아냐?" 하는 심리를 오히려 역으로 이용하고 있습니다. 유해진 씨도 그런 의미를 담아 약간 비꼬듯 카드에게 말을 건네고요. 그러니까 사라(Sara) 맞지?

앞에서 소개했던 셀프디스를 활용한 한 줄의 예들과 같은 맥락입니다. 상대방이 하고 싶었던 욕을 자신에게 먼저 함으로써 상대방 마음의 빗장을 여는 겁니다. 그러면서 자신은 과소비를 조장하는 일반 신용카드와 달리 할인혜택을 주고, 신용도 관리해주는 맞춤형 카드다, 이렇게나 당신을 사랑하는 카드다, 라는 메시지를 전달합니다.

카드가 고객을 사랑한다는 걸 전하려면 어떻게 해야 할까요? 카드에게 감정을 갖게 해주면 됩니다. 사람처럼. 아마도 아이디어의 출발은 신용카드는 항상 몸에 붙어 있다(지갑 안에 있으니까), 갖고 있다는 개념이지 않았을까 생각합니다. 딱딱하기 그지없던 카드를 사랑하는 대상으로 만들어주는 의인화! 대단하지 않습니까? 물론 카드가 연체되었을 때도 저렇게 상냥한 목소리가 유지될 거라고 믿을 순 없지만 말이죠.

쉽고 강력한 한 줄의 비결
언어유희

말장난, 아재개그로
살짝 폄하되기도 하는 언어유희!
실은 강력한 한 줄의 비결로
오래전부터 여러 영역에서 쓰였습니다.

아빠는 괜찮아 아빤 또 괜찮아
아재를 움직인 한 줄

○○○

아내 친구 은혜 씨가 제게 커피를 권합니다. "더치커피 한 잔 하세요. 이번에 태국 여행 갔다가 사왔어요." 누가 부추긴 것도 아닌데 아재개그가 발동합니다.

"아, 이 커피는 더치페이로 샀겠네요?"

"……."

이런 개그에 익숙한 건지, 아니면 재미있는데 재미있다고 하기엔 자존심이 살짝 상한 건지 반응은 고요합니다. 아내가 갑자기 "한 대 더 치고 싶당~!" 하며 제 어깨를 칩니다. '화기애매'했던 분위기가 그제야 화기애애해집니다. 함께 살다 보니 어느덧 아내도 고단수가 되어갑니다.

TV를 켭니다. 채널권을 쥔 아내가 주로 보는 프로그램, 〈미운우리새끼〉입니다. 등장하는 캐릭터 이름도 가지각색입니다. 쉰건모, 궁상민, 먼지웅……. 자막을 보는 재미도 쏠쏠합니다. "궁셔리 초저가 투어", "호들甲, 두 남자의 전구 갈기", "내겐 너무 버거운 그녀" 등등. 한 채널에 만족하지 못하는 아내께서 이곳저곳 채널을 돌립니다.

요즘은 프로그램 이름들도 재미납니다. 알쓸신잡(알아두면 쓸데없는 신비한 잡학사전), 소나기(소중한 나의 이야기), 말하는 대로(大路).

광고가 나옵니다. "옴니로 해본 적 옴니(없니)?" "늘보처럼······ 하늘보리." "새우의 자존심을 세우다. 새우버거." "게, 누구 없느냐? 버거킹 붉은 대게와퍼."

거리에 나가면 어떨까요? 양재동의 '한잔海', 홍대에 있는 'Bar닭', 수원의 '마돈나'(마을을 가꾸는 돈가스 나눔터)······. 약 이름으로는 '이가탄', 쌀 이름 '언니몇쌀', 가정용 철봉 '암스트롱'······.

그래도라는 섬이 있다는 김승희 시인의 시집 제목입니다. 엄마는 해낼게 얼마든 해낼게 아빠는 괜찮아 아빤 또 괜찮아, 하상욱 작가의 시에 나오는 한 줄이죠.

〈쇼미더머니〉의 랩(펀치라인), 〈개그콘서트〉의 대사, 음식점 메뉴, 드라마 대사 등에도 나옵니다. 이게 다 뭘까요? 이미 눈치 채셨으리라 생각합니다. 네! 언어유희의 예입니다. 극히 일부만 인용했습니다.

언어유희는 이렇게 우리의 일상에 깊숙이 들어와 있습니다. 말장난 정도로 가볍게 여기던 언어유희가 곳곳에서 막강한 힘을, 그것도 오랫동안 발휘하고 있네요. 그런데 언어유희에도 원칙이 있습니다. 그 원칙을 알면 누구나 쉽게 언어유희를 통해 강력한 한 줄을 만들 수 있지요. 한번 연습해볼까요? 언어유희엔 많은 방법이 있지만 쉬운 것부터 시작해보겠습니다.

[같은 글자 반복]

우선 끝 글자가 같은 글자를 찾아서 모아봅시다. '험'자를 끝 글자로 해보죠. 시험, 실험, 모험, 보험, 경험…… 잠깐 생각해도 다섯 가지 정도 나오네요. '험'자로 끝나는 단어끼리 서로 엮을 수 있는 것을 찾아봅니다. 제 눈에는 '시험'과 '보험'이 들어오네요. 아이들은 시험 성적이 잘 안 나오면 부모님에게 보여드리기 싫어하죠. 만약 평소에 부모님 어깨라도 자주 주물러드렸거나 예쁜 짓 많이 했다면 보험을 들어놓은 거라고 볼 수 있겠죠. '시험', '보험'을 그렇게 연결 지을 수 있습니다.

여기까지는 한 줄을 만들기 위해 재료를 모으는 단계로 보면 됩니다. 요리로 따지면 궁합이 맞는 재료들을 골라 모으는 거죠. 그다음에 본격적으로 요리를 시작합니다. 재료를 섞어 끓이든 튀기든 찌든 뭐라도 해보는 거죠. 보험이라는 게 뭡니까? 일 터지기 전에 미리 드는 거죠. 일 터지고 난 뒤에 보험 들어야 아무 소용이 없으니까요. 시험도 마찬가지입니다. 만약 시험 성적이 나쁜 상황에 대비하기 위해서 미리 보험을 들면 됩니다. 그렇게 시험 전에 보험 든다는 한 줄을 만들 수 있습니다.

어떻게 써먹느냐는 생각하기 나름입니다. 엄마의 입장에서 육아일기 제목으로 쓸 수도 있습니다. 왜 아이가 아니라 엄마냐고요? 엄마는 아이의 수를 다 내다보니까요. 시험이 가까워올 때마다 아이가 아양을 떤다면 뻔한 거 아니겠습니까? 우리 애, 시험 전에 보험 든다라는 제목의 블로그 글을 올릴 수 있겠죠. 엄마들의 공감을 얻으며 얘기를 풀어나갈 수 있는 단초가 됩니다. 꼭 아이의 아양으로 풀지 않아도 됩니다.

머리를 맑게 해주거나 체력을 유지하는 데 도움을 주는 제품이나 음식이 있으면 이를 홍보하는 한 줄로도 좋습니다. 수능시험이라면 더 효과적이죠. 시험 전에 보험 든다, ○○탕. 언론 기사로도 좋겠네요. 시험전 보험 드는 법 10가지. 학습 능률을 향상시키는 법, 체력을 지키는 법, 스트레스 완화법 등 시험에 도움을 주는 방법을 소개하기 위한 제목으로 딱이죠.

또 뭐가 있을까요? 요양보호사 필기시험 감독 역할을 했던 기억이 나네요. 시험장이었던 고등학교 교정을 가로질러 가는데 음식 파는 분, 합격기원 플래카드 드신 학원 관계자분, 컴퓨터용 사인펜과 수정액을 파는 분 등 정말 많은 분들이 계셨습니다. 저도 대입 학력고사를 치른 세대라 컴퓨터용 사인펜이 낯설지 않은데요. 그걸 팔고 있는 분들의 멘트가 한결같았어요. "컴퓨터용 사인펜 사세요." 그런데 준비성이 정말 없는 분들 빼고는 대부분 하나씩 챙겨옵니다. 교실 안에서도 시험 감독이 비상용으로 몇 자루를 갖고 있고요. 굳이 하나를 더 살 필요가 없습니다. 그런 분들에게 하나를 더 팔려면 어떻게 해야 할까요?

가장 강력한 한 줄 시험 전에 보험 드세요를 먼저 보여줍니다. 지나가던 수험생들이 안 볼 수가 없죠. 그다음엔 "지금 갖고 계신 사인펜이 갑자기 잘 안 나오거나 컴퓨터용이 아니면 다시 몇 개월을 준비해야 할 수도 있습니다. 사인펜 하나 더 장만하세요! 이게 보험입니다. 시험장 안에도 모자랄 수 있습니다." 이런 식으로 풀어나가면 좋겠죠.

이렇게 끝 글자가 같은 시험과 보험을 언어유희를 통해 강력한 한 줄로, 그리고 다양한 용례로 만들어보았습니다. 이번엔 여러분이 해볼까요? 단어 두 개를 선택해드리겠습니다. 경험, 보험은 어떨까요? 한번 연결해보세요.

✎ ＿＿＿＿＿＿＿＿＿＿＿＿＿＿＿＿＿＿＿＿＿

＿＿＿＿＿＿＿＿＿＿＿＿＿＿＿＿＿＿＿＿＿＿＿

물론 다른 더 좋은 답이 나올 수도 있지만, 제 생각을 맞혀본다는 전제 아래 힌트를 드리자면 "○○은 ○○이다", 쉽죠? 답을 푸셨다면 왜 ○○은 ○○인지에 대한 또 다른 한 줄들을 쭉 이어가보세요.

✎ ＿＿＿＿＿＿＿＿＿＿＿＿＿＿＿＿＿＿＿＿＿

＿＿＿＿＿＿＿＿＿＿＿＿＿＿＿＿＿＿＿＿＿＿＿

이제 '험' 자로 끝나는 다른 단어들끼리 자유롭게 연결하여 한 줄로 만들어보세요.

✎ ＿＿＿＿＿＿＿＿＿＿＿＿＿＿＿＿＿＿＿＿＿

＿＿＿＿＿＿＿＿＿＿＿＿＿＿＿＿＿＿＿＿＿＿＿

이번에는 '험'이 아닌 다른 단어 중에 하나를 골라, 이를 끝 글자로 하는 단어들을 서로 연결하여 한 줄로 만들어보세요.

✎ ＿＿＿＿＿＿＿＿＿＿＿＿＿＿＿＿＿＿＿＿＿

＿＿＿＿＿＿＿＿＿＿＿＿＿＿＿＿＿＿＿＿＿＿＿

어떤가요? 이렇게 끝 글자가 같은 단어를 한 줄 안에 두고 의미를 부여하여 둘 사이를 친하게 엮으니 훨씬 쏙 들어오죠? 같은 글자가 반복되면 입에 착 달라붙고 안정감까지 주기 때문입니다. 기억하기 쉽다는 장점도 있습니다. 그렇다면 끝 글자가 아니라 첫 글자가 같은 글자를 한 줄 안에 두어도 효과는 비슷하겠죠.

연습해볼까요? 먼저 첫 글자가 같은 단어들을 생각나는 대로 적어보세요. 많을수록 좋습니다.

✎ ～～～～～～～～～～～～～～～～～～～～～～～～～～～～～～～～

～～～～～～～～～～～～～～～～～～～～～～～～～～～～～～～～

이 중에 의미가 연결될 만한 단어를 두 개 찾아서 한 줄로 만들어보세요.

✎ ～～～～～～～～～～～～～～～～～～～～～～～～～～～～～～～～

～～～～～～～～～～～～～～～～～～～～～～～～～～～～～～～～

지금까지 같은 글자가 들어간 단어가 반복되는 한 줄의 힘을 알아봤습니다.

[중의적 의미]

'전망 좋은 집.' 어떤 생각이 드세요? '시야가 트여 좋은 경치가 보이는 집'이란 의미가 먼저 떠오릅니다. 또 뭐가 있을까요? '미래 가치가 높은 집'이란 의미도 있겠죠. '멀리 내다보이는 경치', '내다보이는 미래의 상황'. '전망(前望)'이란 단어 하나에 두 가지 뜻이 있으니 '전망 좋은 집' 한 줄로 두 가지 의미를 다 표현할 수 있습니다. 일거양득이죠. 잡지에서 멋진 주택을 소개할 때나 부동산 광고에 단골로 나옵니다.

중의를 담은, 언어유희의 한 기법입니다. '전망 좋은 집'에서 '집'을 '사람'으로 바꾸면 어떨까요? '전망 좋은 집'은 흔히 쓰는 표현이지만 전망 좋은 사람은 생소합니다. 이럴 땐 새로운 의미를 부여해주면 됩니다.

먼저 '키가 큰 사람'을 떠올릴 수 있겠네요. 키가 크면 시각적으로 멀리(?) 볼 수 있으니까요. 그러면서 '미래 전망이 좋은 사람'의 의미도 추가할 수 있습니다. 물론 키와 전망은 직접적인 상관관계가 없기 때문에 오해나 논란의 소지를 주지 말아야 한다는 점 잊지 마시고요. 취업을 위한 자기소개서, 기사의 인터뷰 헤드라인 정도로 적절해 보입니다. 이제, '전망 좋은 집'을 벗어나볼까요? 어디로 갈까요?

맞는 말인데 맞으면 아프다…… 솔직함 가장한 말 폭력. 〈조선일보〉 기사 헤드라인입니다. '전망 좋은 집'과 살짝 다르죠? '전망 좋은 집'의 경우 '전망' 한 단어로 두 가지 의미를 풀었습니다. 여기서는 두 번 반복해서 표기합니다. '맞는 말'과 '맞으면'. 앞의 '맞는'은 '틀리지 않은'의 의미입니다. 뒤의 '맞으면'은 '때리면'의 반대입니다. 외부로부터 몸에 힘이 가해지는 것을 뜻합니다. 말 폭력(요즘 유행하는 팩트 폭력)을 중의적으로 표현한 겁니다. '전망 좋은 집'에 비해 고단수죠.

또 뭐가 다를까요? '전망 좋은 집'은 '전망(前望)'이라는 한자로 '경치'와 '미래 가치', 두 가지 의미를 제시했습니다. 같은 한자이니 뜻은 '앞이 보인다'는 의미로 맥락이 같습니다. '맞는 말'과 '맞으면'은 음은 비슷하지만, 뜻은 전혀 다릅니다. 이렇게 같은 음이지만 뜻이 다른 단어들을 함께 놓고 말이 되도록 연결시킬 때 한 줄의 힘은 더 강력해집니다. 하지만 의미를 맞추려고 억지로 갖다 붙여서는 안 됩니다.

웹드라마에도 언어유희가 숨어 있습니다. 2017년 9월 기준 조회 수 12만 4000건이 넘는 웹드라마 티몬 슈퍼마트의 〈신선한 사랑〉 편에서는 초등학교 아이들의 사랑 이야기를 다루고 있는데요. 여자아이가 전학 가는 남자아이에게 티몬 슈퍼마트의 빠른 배송을 통해 건네는 선물이 '가지'와 '마'입니다. 이때 흐르는 배경음악 또한 '가지 마'입니다.

티몬은 배송트럭 뒷면에도 언어유희를 통해 뒤따라오는 운전자들을 즐겁게 해줍니다. 빵빵은 참아줘요, 배달할 게 빵빵해요.

군밤을 파는 어느 노점상의 메뉴에서도 언어유희의 재치가 넘칩니다. 고요한 밤 2천 원. 거룩한 밤 3천 원. 어둠에 묻힌 밤 5천 원. 어둠에 묻힌 밤은 잘 구워진 밤이라서 5천 원일까요?

나를 따르라, 임페리얼. 당신은 철(Fe)없는 여자, 헤모큐. 아내의 뼈아픈 사연을 남편은 모른다, 칼리프도 중의적 의미를 잘 표현해낸 한 줄입니다.

[앞 글자 모으기]

언어유희에는 많은 기법이 있지만 그중에서도 앞 글자들을 모으는 것이 가장 쉽습니다. 예를 들어볼까요? '몰카'는 어떤 단어들의 앞 글자일까요? 아시죠? '몰래카메라'입니다. 요즘 '몰래카메라'라고 길게 부르는 사람 거의 없죠. 치킨+맥주의 앞 글자를 따서 '치맥'이라 하는 것도 같은 유형입니다. '디지털카메라'라고 부르는 사람이 몇이나 됩니까? '디카'라고 부릅니다.

TV 프로그램 중에 〈세상을 바꾸는 15분〉을 줄여 '세바시'라고 합니다. 〈미운우리새끼〉를 줄여 '미우새'라고 하죠. 세상이 워낙 바쁘게 돌아가다 보니 정식 명칭을 쓰지 않고 줄여서 말하는 추세입니다.

그런데 사실 '몰카'나 '치맥'이나 '미우새'만 놓고 보면 짧게 하기 위해 단순하게 줄인 것에 불과합니다. 유행하는 신조어가 거의 그렇습니다. 2017년 신조어 예 : 세젤예(세상에서 제일 예쁜), 팬아저(팬 아닌데 저장), 취존(취향 존중) 등. 아이디어가 없습니다. 그냥 자기들만의 은어를 만드는 거죠. 이 정도로는 제대로 된 한 줄을 위한 언어유희로 보긴 곤란합니다. 어떻게 해야 할까요? 새로운 걸 연습하면 됩니다.

이런 한 줄이 있었습니다. 도중에 깨도 원금보장! 비과세 혜택 10년 유지 시 가능. 우선 시선집중에는 좋습니다. 드라마 〈도깨비〉가 한창 뜰 때 등장한 한 줄이니까요. 이런 아이디어를 어떻게 낼까요? 드라마를 생각하고 풀었을까요? 아니면 증권상품의 특징을 죽 늘어놓고 보니 우연히 '도깨비'가 된 걸까요? 제 경험상 전자일 확률이 높습니다. 보통 광고에 쓰이는 한 줄은 트렌드에 민감하니 먼저 도깨비를 정해놓고 그에 맞게 풀어갔을 가능성이 높습니다. 아니면 거의 동시에 진행되었거나(동시에 진행되더라도 드라마 도깨비가 조금이라도 먼저였을 가능성이 높습니다).

아까 예시로 소개한 2017년 신조어 몇 개와 어떻게 다른지 감이 오시죠? 예로 든 신조어들은 앞 글자의 조합으로만 그쳤지 그 조합이 새로운 의미를 지니진 못합니다. 모르는 세대들이 무슨 뜻인지 알고 싶어하지 않는 한 관심을 끌기 힘든 자신들만의 언어인 셈이죠. 하지만 '도깨비'는 그 자체만으로 일단 의미가 전달됩니다.

하지만 이 또한 조금 까다롭게 평가하자면, 드라마 제목에 맞추었을 뿐 '도깨비'의 속성과 '도중에 깨도 비과세'라는 속성이 딱 맞아떨어지진 않습니다. 억지로 맞추자면 '획기적이고 비상한 능력을 가진 증권상품'이라는 점과 도깨비의 속성이 연결될 수는 있겠지요.

좀 더 수준을 높여봅시다. 〈아궁이〉라는 TV 프로그램이 있습니다. 어떤 단어들의 조합인지 궁금하지 않으신가요? 궁금한 게 맞습니다. 아주 궁금한 이야기입니다. 어떤 이야기가 오갈지 감이 오시죠? 아궁이처럼 따뜻하거나 혹은 뜨거운 이야기가 오가겠죠. "아니 땐 굴뚝에 연기 나랴"라는 속담에서 보듯 아궁이와 이야기 사이에는 연결고리가 있기도 합니다. 아궁이 주변에 모여 앉아 불을 쬐면서 재미있는 이야기를 주고받는 상황을 연상시키기도 합니다. 정말 괜찮은 한 줄입니다.

아지트란 한 줄도 있습니다. 성남시에서 운영하는 트럭인데요. 바로 아이를 지켜주는 트럭입니다. 개조된 트럭 안에 아이들을 조용히 모아 상담해주는 것이니 '아지트'가 가진 원래의 의미와도 잘 통합니다.

이제 연습해볼까요? 앞서 '도깨비' 아이디어의 과정을 유추해서 말씀 드렸듯이, 어떤 단어를 하나 정해놓고 풀어보는 겁니다. 세 글자가 길지도 짧지도 않으면서 안정적입니다. 그럼 세 글자로 연습해보겠습니다. 먼저 아지트를 '아이를 지켜주는 트럭' 말고 다른 의미로 풀어보세요. 조금 억지스러운 답이 나와도 괜찮습니다. 천재가 아닌 이상 처음부터 잘할 순 없으니까요. 하나가 아니라도 좋습니다. 다양하게 답을 만들어 보세요. '아이를'을 '아빠를'로 바꿔보는 건 어떨까요? 아빠를 지켜준다는 것도 재밌지만 아빠라는 속성에 맞춘다면 '아빠를 지지하는 트럭' 이렇게 할 수도 있겠죠. 가장을 응원하는 프로젝트에 쓰면 좋을 것 같습니다. 이제 여러분이 다르게 한번 만들어보세요.

아지트 (   )
요지경 (   )
진달래 (   )
* '래'로 시작하는 단어를 찾기 어려운 경우 '내'로 하셔도 됩니다.

근데 가만히 보니 이렇게 풀어가는 방법이 웬지 3행시 같지 않습니까? 맞습니다. 다만 웃고 넘어가는 3행시, 건배사 정도에 머무르는 3행시가 아니라 글의 제목으로 쓰거나 브랜드로 만들거나 마케팅에 쓸 수 있는 한 줄로 나아가 보자는 겁니다. 평소에 이 단어 저 단어를 붙들고 3행시를 연습하다 보면 앞 글자를 모아 만드는 언어유희의 달인이 될 수 있습니다. 언어유희의 또 다른 방법이나 좀 더 전문적인 내용이 궁금하시면 저의 첫 책이자 언어유희 전문서적인 《비틀어 글쓰기》를 참고하셔도 좋겠습니다.

남의 한 줄에 업혀 가라

패러디

이리 오너라, 업고 놀자!
남의 한 줄에 업혀 가세요.
더 편안하게 더 세게
다가갈 수 있습니다.

국은 물보다 진하다
국 배송 서비스를 재미있게 알린 한 줄

○○○

이번에는 '패러디'에 대해 알아보겠습니다. 패러디는 '이미 세상에 나와 있는 원작을 익살스럽게 혹은 조롱하듯 변형하여 자신의 작품으로 만드는 것'을 말합니다. 이 책에서는 꼭 익살스럽거나 뭔가를 조롱한다는 조건을 달지 않습니다. 익살스러웠던 걸 근엄하게 바꿀 수도 그 반대의 경우도 있을 수 있죠. 조롱을 할 수도, 조롱하지 않을 수도 있습니다. 원작의 흐름을 살리면서 약간의 변형을 가하여 새로운 가치를 만들어낼 수 있다면 그것이 곧 이 책에서의 패러디입니다.

코미디언 이주일 씨가 폐암으로 세상을 떠났을 때 어느 신문에서 발견한 금쪽같은 한 줄이 기억납니다. 못 일어나서 죄송합니다. 어떤 것을 패러디한 걸까요? 이주일 하면 떠오르는 그의 대표 어록 "못생겨서 죄송합니다"를 패러디한 것입니다. "코미디언 이주일, 세상을 등지다" 같은 평범한 한 줄보다 눈에도 확 들어오고 사람의 마음을 울리는 힘도 있죠. 힘들여 새롭게 창작한 것이 아니라 기존의 것을 살짝 변형했을 뿐인데 말입니다. 패러디의 힘은 이렇게 놀랍습니다.

또 무엇이 있을까요? 언젠가 옆 팀에서 네이밍을 도와달라는 부탁이 들어왔습니다. 서울시청 지하에 있는 시민의 공간인 시민청에서 매주 토요일마다 시민들을 위한 행사(음악 콘서트 등)를 하는데 이에 대한 네이밍을 해야 한답니다. 여러 명이 머리를 맞대고 이런저런 아이디어를 내보았지만, 눈에 확 들어오는 게 없었습니다. 당연히 보고할 때마다 퇴짜를 맞는 거예요. 어떤 이름들이 올라갔나 봤더니 이렇습니다. 활짝 콘서트, 이통안민(耳通安民) 콘서트, 소통 콘서트…….

좋은 글귀는 다 갖다 붙였네요. 근데 좋은 글귀를 갖다 붙인다고 좋은 네이밍이 되진 않습니다. 문제는 지나치게 진지하고 근엄하다는 것입니다. 한 번 하고 끝나는 행사도 아니고 매주 토요일마다 열리는 행사인데 너무 힘을 주면 시민들이 부담을 느낍니다. 부담 없이 가야 할 행사에 부담을 느끼면 누가 가겠습니까? 가볍게 접근하기로 했습니다.

처음부터 패러디를 해보기로 한 거죠. 우선 토요일이라는 키워드에서 출발해보았습니다. '토요일' 하면 생각나는 영화나 드라마 제목, 가요 제목 등을 두서없이 생각해보았습니다. 가장 먼저 떠오른 건 손담비의 '토요일 밤에'였습니다. 하지만 젊은 층을 위한 노래인 데다 패러디할 만한 요소가 없었습니다.

'토토즐'로 기억되는 왕년의 예능 프로그램, '토요일 토요일은 즐거워'는 조금 싹이 보였습니다. 뒤의 토요일을 시민청으로 바꾸었습니다. '토요일, 시민청은 즐거워!' 말 되죠? 다만 원작을 과하게 변형한 느낌입니다. 토요일을 반복하는 매력도 사라졌고요.

이 안은 일단 유보해놓고 다른 패러디 소재를 찾아봅니다. 그러다 문득 김종찬의 '토요일은 밤이 좋아'가 떠올랐습니다. '밤' 대신 시민청의

'청'을 넣으면 딱이었습니다. <u>토요일은 청이 좋아.</u> 사실 시민청의 청은 '관청 청(廳)'이 아니라 '들을 청(聽)'이거든요. 시민의 말을 듣는다는 원래의 취지도 살리면서, 토요일 행사에서 즐거운 소리를 듣는다는 개념도 추가할 수 있었습니다. 단 한 글자만 변형하니까 원작의 리듬을 깨지 않아서 더 좋았습니다.

두 가지 안 중에 뭐가 선정되었을까요? 토요일은 청이 좋아입니다. 일회성 행사가 아닌 연중행사라 이름도 여기저기 계속 붙어 있고, 블로그나 신문기사의 단골손님으로 등장하기도 합니다. 이름값을 받진 않았지만 작게나마 도움이 된 것에 만족합니다. 자부심은 덤이고요.

또 어떤 게 있을까요? 자주 화제가 되고 있는 '배달의민족'을 살펴볼까요? 언어유희는 물론 패러디의 보고라 할 만큼 무궁무진하고 재치 있는 한 줄을 많이 갖고 있습니다.

<u>국은 물보다 진하다.</u> 뭘 패러디했는지 아시겠죠? 네! "피는 물보다 진하다"를 패러디한 겁니다. 국 배송 서비스를 알리는 한 줄입니다. 국은 따뜻하죠. 엄마가 끓여주신 국. 최고잖아요. 배달의민족에서 배송해주는 국물은 그런 엄마의 마음을 담았다는 걸 알리고 싶은 겁니다. 객지에 사는 자식을 걱정하는 엄마의 마음처럼 따뜻하고 진한 사랑의 국물.

<u>시작이 밥이다</u>도 있습니다. "시작이 반이다"를 패러디한 거죠. 이렇게 살짝 바꿔서 큰 변화를 줄수록 더 효과적입니다. 물론 정황상 그렇게

하기 어려운 경우도 많지만요.

긴 병 앞에 효자 있다(교보종신보험)도 눈에 띄는 패러디 사례입니다. 가만 보니 속담을 패러디한 거네요. 우리도 속담 하나를 잡아서 패러디해봅시다. "발 없는 말이 천리 간다"로 해볼까요? 쉽게 생각해볼 수 있는 패러디로는 발 없는 말이 지구를 돈다 정도겠네요. 예전엔 천리를 가려면 몇 달이 걸렸지만 지금은 SNS를 통해 순식간에 지구 반대편까지 전달되니까요. 옛말이 틀린 게 없다고도 하지만 사실 속담은 오래된 거고 개중엔 고정관념인 경우도 많아서, 현 시대에 맞게 보완할 필요가 있습니다.

여러분이라면 어떻게 패러디하시겠습니까? '발', '말', '천리', '간다' 등을 다른 단어로 바꿔가면서 해보세요. 원작의 흐름이나 기본적인 단어들을 살려, 누가 봐도 무엇을 패러디한 건지 알 수 있어야 한다는 점, 잊지 마시고요.

"발 없는 말이 천리 간다."

✎ 〰〰〰〰〰〰〰〰〰〰〰〰〰〰〰〰〰〰〰〰〰〰〰〰〰〰
〰〰〰〰〰〰〰〰〰〰〰〰〰〰〰〰〰〰〰〰〰〰〰〰〰〰

다음 속담도 마음껏 패러디해보시기 바랍니다. 본인만 보게 되는 연습인데도 어떻게 해야 할지 막막하거나 더 자세한 가이드라인이 있어야 시작할 수 있다면 다소 수동적인 글쓰기 태도입니다. 이 책을 통해 자신을 변화시켜보면 어떨까요?

"하룻강아지 범 무서운 줄 모른다."

✎ ～～～～～～～～～～～～～～～～～～～～～～～～～～～～～～～～～

～～～～～～～～～～～～～～～～～～～～～～～～～～～～～～～～～

"우물 안 개구리."

✎ ～～～～～～～～～～～～～～～～～～～～～～～～～～～～～～～～～

～～～～～～～～～～～～～～～～～～～～～～～～～～～～～～～～～

"열 번 찍어 안 넘어가는 나무 없다."

✎ ～～～～～～～～～～～～～～～～～～～～～～～～～～～～～～～～～

～～～～～～～～～～～～～～～～～～～～～～～～～～～～～～～～～

"티끌 모아 태산."

✎ ～～～～～～～～～～～～～～～～～～～～～～～～～～～～～～～～～

～～～～～～～～～～～～～～～～～～～～～～～～～～～～～～～～～

"아니 땐 굴뚝에 연기 나랴."

✎ ～～～～～～～～～～～～～～～～～～～～～～～～～～～～～～～～～

～～～～～～～～～～～～～～～～～～～～～～～～～～～～～～～～～

"믿는 도끼에 발등 찍힌다."

✎ ～～～～～～～～～～～～～～～～～～～～～～～～～～～

～～～～～～～～～～～～～～～～～～～～～～～～～～～

"말 한 마디로 천 냥 빚 갚는다."

✎ ～～～～～～～～～～～～～～～～～～～～～～～～～～～

～～～～～～～～～～～～～～～～～～～～～～～～～～～

"언 발에 오줌 누기."

✎ ～～～～～～～～～～～～～～～～～～～～～～～～～～～

～～～～～～～～～～～～～～～～～～～～～～～～～～～

"등잔 밑이 어둡다."

✎ ～～～～～～～～～～～～～～～～～～～～～～～～～～～

～～～～～～～～～～～～～～～～～～～～～～～～～～～

이번엔 배달의민족에서 주최한 배민신춘문예(3회) 수상작 중 패러디로 된 한 줄들을 살펴볼까요? 3회는 자유로운 형식으로 공모했기 때문에, 패러디가 많았습니다. 수육했어 오늘도 (보쌈달빛) 옥상달빛의 노래 제목 '수고했어 오늘도'의 패러디죠. 피자는 둥그니까 자꾸 먹어나가자. (온 세상 어린이 일동) 동요 '앞으로'의 가사인 "지구는 둥그니까 자꾸 걸어 나가면 온 세상 어린이들 다 만나고 오겠네"의 패러디입니다.

시작이 반반이다. (아리스토텔레스) "시작이 반이다"의 '반'을 후라이드 치킨, 양념치킨의 '반반'으로 패러디했네요. 위에서 언급한 시작이 밥이다와도 일맥상통하죠. 다만 배달의민족 주력 배달음식이 치킨이니만큼 '밥'보다는 '반반'이 마케팅에서는 더 나아 보입니다. 공모전을 통해 상금도 받고 이름도 알리고, 여기저기 전파되어 마케팅에도 일조하니 이얼마나 기특한 패러디입니까?

앞에서 속담을 변형하는 패러디를 연습해보았는데요. 배달의민족 수상작들을 보면 먼저 주제나 목표('많이 먹게 한다' / '먹는 것에 대한 자책감을 없앤다')를 정하고 그에 맞는 속담이나 노래 가사 등을 찾아내 조합하는 식으로 패러디했을 가능성이 큽니다.

여러분도 가상으로 배달음식 앱의 대표가 되어 사람들로 하여금 '먹게 한다'는 목표를 갖고 패러디를 해보세요. 혹은 피트니스 센터의 대표가 되어 '운동하게 한다'는 목표에 맞게 패러디를 해보세요. 여러분의 업무나 취미, 장래 희망과 연결해서 시도해도 좋습니다. 다만 첨예한 의견 대립이 있는 것보다 먹는 것, 입는 것, 자는 것 등 보편적인 욕망을 건드리는 패러디가 참신한 아이디어로 이어질 가능성이 높고 실제 효과도 좋습니다.

사람의 내면을 공략하라

인사이트

포장지를 건드리지 마세요.
내용물을 건드리세요.
겉으로 드러나지 않은,
사람의 심리를
공략하세요.

엄마가 가르치다 욱 했을 때 데려오세요
학원장의 내공이 돋보인 한 줄

○○○

인사이트(insight)가 광고, 마케팅, 스토리텔링 등의 중요한 화두로 떠오른 건 그리 오래된 일이 아닙니다. 우리나라에서는 2000년대 중반부터로 기억합니다. 인사이트는 통찰, 통찰력을 뜻합니다. 겉을 보는 건 통찰이 아닙니다. 잘 보이지 않는 속을 들여다보는 게 통찰이죠.

좀 오래된 광고이긴 하지만 인사이트의 예로 들 수 있는 그랜저 광고를 생각해볼까요? 소비자들이 자동차를 고르는 기준이 무엇인지 알기 위해 설문조사를 해보면 대부분 성능, 가격, 안전성, 스타일, 브랜드 등을 언급합니다. 이러한 설문조사도 물론 필요하지만 고객의 감춰진 인사이트를 발견하는 데는 큰 도움이 안 되죠. 조사방법에 따라 인사이트를 발견하는 방법도 있긴 하지만요. 어쨌든 이런 마케팅 인사이트를 발견하는 데에는 광고인들이 고수입니다.

그랜저 광고 제작팀이 발견한 인사이트를 한 마디로 요약하면 (일본어이긴 하지만) '가오'입니다. 중년의 남자와 여자가 빌딩 회전문을 돌며 잠시나마 재회합니다. 서로를 알아보지만, 말없이 스쳐 지나갈 뿐이죠. 그랜저를 타고 떠나가는 남자의 모습을 바라보며 여자가 한 마디 합니다. 참 많이 변한 당신, 멋지게 사셨군요. 뭘까요? 두 사람은 어쩌면 과거에 연인이었을지도 모릅니다. 세월이 흐른 후 우연히 만난 그 남자가 어떻게 살아왔는지를 보여주는 매개체로 자동차(그랜저)를 설정했습니다.

속된 말로 '나 그랜저 탈 정도로 성공한 사람이야' 하는 속마음을 광고의 인사이트로 잡은 겁니다. 이것은 인사이트로서의 한 줄입니다. 한국인 특유의 허세와 과시욕이라 비웃을 수 있지만 광고나 마케팅은 이런 소비자의 욕망을 놓치지 않습니다. 다만 그것을 '과시욕처럼 안 보이게', '있어 보이게' 포장하는 것이 기술입니다.

저는 예전에 구형 스포티지를 10년 넘게 탄 적이 있습니다. 시동을 걸면 경유차 특유의 푸드득 소리와 함께 덜덜덜 차체까지 진동하며 시동이 걸렸습니다. 배기구로는 검은 연기가 덤으로 나왔습니다. 가끔 보닛 안쪽 팬벨트에서 '찍찍~' 참새소리가 들리기도 했죠. 만약 제가 그랜저 광고와 같은 상황에 맞닥뜨린다면 어떻게 했을까요? 내 차로 걸어가 키를 꽂기가 맘 편했을까요? 그럼에도 불구하고 당당히 올라타 시동을 걸었다면?

"참 많이 변한 당신, 어렵게 사셨군요." 이런 한 줄이 나오지 않았을까요? 웃자고 하는 이야기입니다. 어쨌든 겉으로 드러난 것, 설문조사에만 의존할 경우 광고는 '성능도 특별하게-그랜저', 이런 한 줄이 나오기 쉽습니다. 하지만 인사이트를 반영하면 다릅니다.

타깃이 원하는 근본적인 욕구, 소비자들이 느끼는 불편함 같은 것을 그들의 입장에서 판단하여 그것을 토대로 방향을 잡고, 의도했던 바와 연결시켜주는 한 줄! 이 책에서의 인사이트입니다.

세탁기를 예로 들어볼까요? 모든 세탁기들이 세척력을 이야기할 때 LG트롬은 <u>오래오래 입고 싶어서</u>라고 했습니다. 즉 내가 좋아하는 옷을 오래 아끼며 입고 싶다는 인사이트를 잡았습니다. 드럼세탁기가 일반 세탁기보다 옷감을 덜 상하게 하는 속성이 있으니까요.

<u>아무것도 필요 없다는 엄마에게 무엇을 드리면 좋을까?</u> (라쿠텐 여행) 일본만의 이야기는 아닐 겁니다. 대한민국 엄마들에게 "선물 뭐 받고 싶으세요?" 하고 물어보면 십중팔구 "괜찮다", "다 필요 없다", "아무것도 해오지 마라", "집에 다 있다"고 하시며 손사래를 칩니다. 사람을 잘 관찰해서 쓴 한 줄입니다. 상대의 속마음을 제대로 읽지 못하고 보양식품이나 헬스기구 같은 걸 선물하면 오히려 엄마에게 짐이 될지 모릅니다. 꾸준히 먹고 꾸준히 해야 하는 거니까요. 누구나 다 생각할 수 있는 거니까요. 하지만 여행은 다릅니다. 무엇보다도 설렘을 주잖아요. 언제 다 먹을지 알 수 없는 보양식품도, 언제 건강해질지 알 수 없는 헬스기구도 아니니까요. 바로 즐거운 체험을 할 수 있으니까요. 어렸을 때 소풍만 가도 그 전날 얼마나 설렜던가요? 다음 날 헬스기구가 온다고 설레는 경우? 전혀 없지는 않겠지만, 거의 없을 겁니다.

어쨌든 자녀에게 주고 싶은 것은 많지만 자녀에게 받는 것은 폐가 된다고 생각하는 희생정신(?)을 참 절묘하게 잡아냈습니다. 아! 요즘 엄마들은 좀 다르다고요? 그럴 수도 있겠네요. <u>엄마, 오빠가 좋아? 내가 좋아? 이럴 땐 조용한 게 최고다. 자기야, 나 이 정도면 날씬하지 않아? 이럴 땐 조용한 게 최고다.</u> (일렉트로룩스) 조용하지 않으면 어떤 일이 일

어날지 머릿속에 떠오르지 않습니까? '조용하다'는 장점을 인사이트는 물론 스토리텔링으로도, 중의적 언어유희로도 엮은 훌륭한 한 줄 사례입니다.

유명한 광고에서만 인사이트를 찾을 수 있는 게 아닙니다. 언젠가 학원가로 유명한 동네에 볼 일이 있어 갔다가 아파트 현관에서 조그만 광고판을 보고 피식 웃었습니다. 엄마가 가르치다 욱 했을 때 데려오세요. 타깃의 심리를 참으로 잘 아는 학원장의 내공이 돋보이지 않습니까? 그걸 한 줄로 반영할 수 있느냐 없느냐는 또 다른 문제겠지만요. "어머님, 자녀 교육에 만족하십니까?", "최선을 다해 가르치겠습니다", "중학교 미리 대비하는 자가 승리한다!" 같은 판에 박힌 한 줄에 비하면 확 와닿죠. 《아들 때문에 미쳐버릴 것 같은 엄마들에게》(살림)라는 책 제목도 같은 맥락입니다.

택배 상자에도 인사이트가 있습니다. 티몬 슈퍼마트 택배 상자에 붙은 한 줄이 참 재미있습니다. 뜯는 재미가 있다. 보통은 회사 로고나 회사 소개 문구, "배송주의", "택배 아저씨 고맙습니다" 같은 게 붙기 쉬운데 말이죠. 내가 주문한 물건이 잘 왔나, 모니터로만 보던 물건의 실물이 어떻게 생겼을까를 확인하기 전, 택배 상자를 뜯는 그 순간의 설레는 마음을 절묘하게 담아낸 문구입니다.

'뜯는 재미가 있다'라는 틀거리에 맞춰 연습해볼까요?

"○○한 재미가 있다."

✎ 〰〰〰〰〰〰〰〰〰〰〰〰〰〰〰〰〰〰〰〰〰〰〰〰〰〰〰〰
〰〰〰〰〰〰〰〰〰〰〰〰〰〰〰〰〰〰〰〰〰〰〰〰〰〰〰〰〰

저라면 간 보는 재미가 있다(쌤) 정도가 생각납니다. 한 줄일까? 두 줄일까? 수능보다 더 떨린다.는 피임약 마이보라 광고의 한 줄입니다. 임신 테스트기를 보는 여성의 심리를 관찰하여 제대로 포착한 거죠.

이번엔 책 제목에서 인사이트를 찾아볼까요? 《왕의 길을 걷는 즐거움》(힐링아트). 나도 한번 '잠시나마' 왕이 되어보면 어떨까? 왕의 기분을 느끼고 싶어하는 저 같은 평민(?)들의 인사이트죠.

《여자들은 자꾸 같은 질문을 받는다》(창비). 전 남자지만 충분히 공감하는 한 줄입니다. "남친 있어?" "혼자 살게?" "결혼 언제 해?" "애는 언제 가질 거야?" 좋은 말도 한두 번이라는데, 오지랖에 가까운 질문이 끊임없이 반복된다면 피곤하죠. 그 심리를 이 책 제목이 대변해주고 있네요. 판에 박힌 한 줄이라면 '여자들이 주로 받는 질문 100선', 이런 거겠죠. 물론 남자도 예외가 아닙니다. 남자들이 받는 질문도 뭔가 일정한 틀이 있습니다. 여러분이 남자라면 어떤 게 떠오르세요?

✎ 〰〰〰〰〰〰〰〰〰〰〰〰〰〰〰〰〰〰〰〰〰〰〰〰〰〰〰〰
〰〰〰〰〰〰〰〰〰〰〰〰〰〰〰〰〰〰〰〰〰〰〰〰〰〰〰〰〰

《나는 오늘도 소진되고 있습니다》(대림북스). 쳇바퀴처럼 돌아가는 회사의 일상, 기계 부품처럼 움직이는 직장인의 삶을 경험해봤다면 공감할 만한 인사이트입니다. 판에 박힌 한 줄이라면? "소모품처럼 살지 않는 법" 정도가 되겠네요. 《나는 왜 출근만 하면 예민해질까?》 (스몰빅라이프)도 같은 맥락입니다. 《혼자가 좋은데 혼자라서 싫다》 (프레너미). 혼밥, 혼술이 대세라지만 사실 혼자가 좋으면서도 외로울 때가 있죠. 그 심리를 콕 짚어낸 인사이트입니다.

서점에 가거나, 관련 홈페이지를 죽 둘러보면서 인사이트가 반영된 책 제목을 찾아보세요. 인사이트가 형식적으로 반영된 한 줄도 찾아보고, 무릎을 칠 만큼 잘 반영된 한 줄도 찾아보세요.

뒤통수를 찌릿하게
반전

이럴 줄 알았는데
저렇게 되다니!
뒤통수가 찌릿합니다.
인생도 한 줄도
반전이 있어야 재밌습니다.

치킨은 살 안 쪄요. 살은 내가 쪄요

놀라운 반전의 한 줄

°°°

반전이 무엇인지는 굳이 설명하지 않아도 아시겠죠? 그래도 짚고 넘어가자면, '위치, 방향, 순서 따위가 반대로 됨', '일의 형세가 뒤바뀜'을 의미합니다. 글쓰기, 광고, 마케팅뿐 아니라 영화, 연극, 음악, 미술 등의 예술 장르에서도 많이 쓰여왔죠. 반전 하면 떠오르는 대표적인 영화는 뭐가 있을까요? 여러 영화가 있겠지만 〈식스센스〉가 갑이라고 봅니다. 정말 소름 돋는 반전이 있죠.

음악에서도 반전이 중요합니다. 조용한 음악으로 시작하다가 갑자기 신나고 경쾌하게 반전을 주는 것, 〈나는 가수다〉에서 리메이크곡으로 많이 접해봤지요. 리듬과 멜로디의 반전입니다.

텍스트로 표현되는 한 줄 역시 스토리의 반전입니다. 타깃의 생각을 원하는 방향으로 몰아가다가 갑자기 반전을 주는 한 줄로는 하상욱의 《서울시》가 유명합니다. 거의 대부분 반전의 구조로 되어 있습니다. 일반적인 시는 제목이 위쪽에 있지만 이 책은 아래쪽에 있습니다. 그리고 그 위에 본문을 놓지요. 본문에서 다른 이야기를 하는 듯하다가 아래 제목을 보면 또 다른 이야기입니다. "아, 이 얘긴가?", 혹은 "뭘 얘기하려는 거지?" 했는데 "아하~ 저 얘기구나!" 하게 됩니다.

몇 가지 살펴볼까요?

내면을 바라봐. 외모에 속지 마. ('삼겹살' 중에서)

이성의 외모에 대해 이야기하는 듯했는데 음식이라는 반전을 줍니다.

너의 진짜 모습 나의 진짜 모습 사라졌어. ('포토샵' 중에서)

나다움, 사람의 본질을 지키는 것을 이야기하는 듯하다가 컴퓨터 프로그램이 원래의 모습을 과장·왜곡하는 것이라는 반전을 줍니다.

지친다 너. 질린다 너. ('감기' 중에서)

마치 나를 힘들게 하는 사람을 이야기하는 듯하지만 감기 때문이라는 반전을 줍니다. 앞에서 이야기한 의인화 기법도 들어 있네요.《서울시》에 실린 대부분의 시가 의인화 기법을 쓰고 있습니다.

바쁘면 무리해서 오지 말거라! 대부분의 경우, 거짓말입니다. (동일본 여객철도) 우리나라 암보험 광고 중에도 우린 괜찮다라는 한 줄과 함께 손을 흔들며 배웅하는 고향 집 노부모의 모습이 나오는 게 있습니다. 일본의 경우와 마찬가지로 '거짓말'일 확률이 높지만 굳이 거짓말이라고 반전을 줄 필요는 없겠죠. 다 마찬가지겠지만, '반전' 또한 그때그때 달리 적용되어야 한다는 점을 강조하고 싶네요.

계속 언급하고 있는 배달의민족, 배민신춘문예에서도 반전의 한 줄이 있네요. 1회, 3회 대상 수상작이 모두 반전의 재미를 줍니다. 1회 대상 산해진미 갖다놔도 엄마가 해주시는 집밥보다 맛있는 건 없네요. (우리 집은 치킨집) 3회 대상 수상작은 치킨은 살 안 쪄요. 살은 내가 쪄요입니다. 놀라운 반전이죠.

1회 대상작보다 3회 대상작이 쉽고 간결하면서도 재치가 넘칩니다. 1회 대상작이 아쉬운 이유는, 그 집이 치킨집이라면 집밥은 당연히 치킨이 아닐 거라는 게 보통 사람들의 생각이기 때문입니다. 아무리 맛있다고 소문난 감자탕집이라도 그 집 주인이 자식에게 감자탕을 집밥처럼 자주 내놓진 않을 테니까요.

저는 위에서 시키는 대로 했을 뿐입니다. (입)
하수인이나 부하직원, 폭력조직 조직원의 변명인 듯하지만 '입'의 변명이었네요.

이제 반전이 있는 한 줄 쓰기를 연습해볼까요? 먼저 첫 번째 긴 괄호에 타깃을 의도하는 방향(착각의 방향)으로 몰고 갑니다. 그런 다음 뒤의 짧은 괄호에 반전의 한 줄을 담아주세요. 하상욱 시인의 《서울시》나 배민신춘문예의 예를 참고하면 됩니다.

✎ (   ) (   )
  (   ) (   )
  (   ) (   )

설명하지 말고 이야기하라

스토리텔링

구구절절
설명하지 말고
'이야기'하라!
이야기가 잘 풀리면
이야! 기막힙니다!

고향이 두 개나 되는 게 결혼이었구나
이야기가 숨어 있는 동일본여객철도의 한 줄

○○○

감정이 상해 입을 꾹 다문 사람에게 "무슨 일인지 나한테 이야기 좀 해봐" 하면 그제야 이야기보따리를 풀어놓는 경우가 많죠. 할머니가 "옛날이야기 해줄까?" 하면 아이들은 귀를 쫑긋 세웁니다. 동료에게 "어제 꿈을 꿨는데 말야"라고 해보세요. 생활에 전혀 도움이 안 되는 이야기지만 눈이 반짝반짝해질 겁니다. 인간이 동물과 다른 점 중 하나는 이야기를 만드는 능력, 이야기에 관심을 보이는 태도라고 합니다.

스토리텔링은 이미 많은 브랜드들이 마케팅과 브랜드 가치를 높이는 데 활용하고 있습니다. 대표적인 예로 뭐가 있을까요? 프랑스의 어느 후작이 마시고 신장결석을 고쳤다는 에비앙, 한 켤레 팔릴 때마다 아이 한 명에게 신발을 기부한다는 탐스슈즈, 미국의 리바이 스트라우스가 골드러시 때 캘리포니아에서 가져온 돛천으로 만들었다는 리바이스 청바지, 카우보이 캐릭터가 단박에 떠오르는 말보로 등 이루 셀 수가 없습니다.

스토리를 '길게 이어지는 이야기'라고 한정하면, 한 줄에 담는다는 게 상상이 안 갈 수 있습니다. 문장과 문장의 인과관계를 통해 이어지고, 기승전결의 구성을 갖는 게 일반적인 '스토리'니까요.

당신의 주차장엔 없지만, 당신의 가슴엔 한 대쯤 주차하고 있을지 모르지요. 포르쉐의 한 줄입니다. 문장과 문장의 이어짐 없이도 한 줄로 스토리가 되는 것! 그러면서 읽는 사람의 머릿속에 스토리가 떠오르게 하는 것! 이 책에서의 스토리텔링은 이 정도의 범주로 정의하겠습니다.

위의 한 줄을 응용하여 연습해보겠습니다. "당신의 (　　)엔 없지만 당신의 (　　)엔 있을지 모르지요." 저라면 이렇게 풀어보겠습니다.

당신의 폰엔 없지만 당신의 꿈속엔 있을지 모르지요. (그 사람)

당신의 미래엔 없지만 당신의 오늘엔 있을지 모르지요. (엄마)

고향이 두 개나 되는 게 결혼이었구나. (동일본여객철도)

구구절절 설명하지 않아도 많은 이야기가 한 줄에 담겨 있습니다. 결혼한 지 얼마 안 되는 부부, 그리고 명절 때 기차를 타고 시댁과 친정을 차례로 찾아가는 모습, 내가 태어난 곳은 아니지만 고향처럼 느껴지게 하는 신혼의 기쁨. 이 모든 것이 머릿속에 그려지죠.

연습해볼까요?

"(　　)이 (　　) 되는 게 연애였구나."

저는 "(1분)이 (1초) 되는 게 연애였구나"를 떠올렸습니다.

다음 괄호를 채워보세요.

"(　　)이 (　　) 되는 게 (　　)였구나."

"(　　)이 (　　) 되는 게 (　　)였구나."

<u>세상 탓을 할 수 있는 것은 언제까지일까?</u> 이 한 줄에서는 어떤 스토리가 떠오르나요? 이력서 내는 곳마다 고배를 마시는 청년, 취업공고를 보며 한숨을 내뱉는 청년, 종일 알바를 하며 나름 노력했지만 출발선이 다른 친구들 앞에선 내세울 게 하나 없는 청년의 모습이 떠오릅니다. 제 청년시절의 모습이기도 합니다. 위의 예는 일본 리쿠르트의 한 줄입니다. 실은 "네가 어른이라면 세상 탓 그만하고, 네 능력을 키워라"라는 말을 돌려서 한 거죠. 이 빡센 시대를 사는 대한민국 청년은 가끔 세상 탓을 해도 괜찮습니다.

연습해볼까요?
이번엔 아래의 한 줄에 적합한 제품이나 브랜드를 괄호 안에 채워보세요.
나이 탓을 할 수 있는 것은 언제까지일까? (   )
부모 탓을 할 수 있는 것은 언제까지일까? (   )

이번엔 앞의 단어도 바꿔 채워보세요.
(   ) 탓을 할 수 있는 것은 언제까지일까? (   )
(   ) 탓을 할 수 있는 것은 언제까지일까? (   )

<u>손님이 보면 벌써 반 병, 주인이 보면 아직도 반 병.</u> (시바스 리갈) 문 닫을 시간이 다가옵니다. 시계는 마감을 향해 가는데, 손님은 일어날 기미를 보이지 않습니다. 혼자서 뭔가를 중얼거릴 수도, 누군가와 세상 돌아가는 이야기를 하며 언성을 높일 수도 있겠군요. 주인이 바닥을 닦으

며 "저희 영업시간 끝났습니다" 하고 눈치를 줍니다. "이거 한 병만 마시고 끝낼 게요"로 화답합니다만. 제대로 지켜지는 거 본 적 있나요? 술집 마감 시간의 숨 가쁜 이야기들이 저 짧은 한 줄에 담겨 있네요. 긴 이야기로 잘 푸는 것도 능력이지만 한 줄 안에 함축적으로 담아내는 것도 능력입니다.

같은 대상이라도 시각에 따라 다르게 보이는 건 술 말고도 많습니다. 단순히 저 한 줄에 들어 있는 주요 단어들을 다른 것으로 대체하는 것도 좋은 연습이지만, 저 스토리가 찌르고 있는 핵심을 발견하고, 그에 걸맞은 또 다른 주제와 소재들을 찾아내는 게 더 본질을 파고드는 연습입니다.

뭐가 있을까요? A는 B를 많이 좋아하는데, B는 A에 대해 덤덤하다면……. 그들이 함께하는 '시간'이 주제가 될 수 있겠죠. 소재는 벽시계나 함께 듣는 음악, 함께 마시는 커피 등이 될 수 있겠고요. 이를 바탕으로 아래의 빈칸을 채워보세요.
(   )가 보면 벌써 (   ), (   )가 보면 아직도 (   )

후배 A는 자신이 일을 잘한다고 생각하는데, 선배 B는 A의 실력이 신통치 않다고 생각한다면……. '업무'를 주제로 '보고서', '일처리 속도' 같은 것이 소재가 될 수 있겠죠. 이를 바탕으로 아래의 빈칸을 채워보세요. A, B라고 쓰지 말고 실명을 써보세요.
(   )가 보면 벌써 (   ), (   )가 보면 아직도 (   )

피트니스 센터 PT코치와 회원이 바라보는 운동시간도 마찬가지일 겁니다. 회원 입장에서는 시간이 기어가는 것 같은 플랭크 동작을 떠올리며 아래 빈칸을 채워보세요.

(　　　)가 보면 벌써 (　　　), (　　　)가 보면 아직도 (　　　)

상식에 저항하라

역발상

낯설게 하라.
상식에 저항하라.
고정관념을 깨라.

속옷은 첫 번째 겉옷입니다
고정관념을 깨는 한 줄

○○○

시계는 시간을 보기 위해 만든 게 아니다. 무슨 말도 안 되는 말일까요? 시계는 당연히 시간 보라고 만든 거죠. 그럼 시곗줄 보라고 만든 걸까요? 이런 생각이 앞서는 순간 다음과 같은 한 줄이 뒤따라와 우리의 뒤통수를 칩니다. 시간을 만들기 위한 것이다.

시계는 시간을 보기 위해 만든 게 아니다. 시간을 만들기 위한 것이다. (리꼬모) 그렇습니다. 우리가 시간을 수시로 확인하는 것은 어찌 보면 시간에 휘둘리는 것일지 모릅니다. 시간이 갑이고 사람이 을인 거죠. 리꼬모가 생각하는 시계란 무엇일까요? 시간에 휘둘리지 않고 시간을 계획하고 만들어가는 리더, 그런 리더를 만드는 혹은 그런 리더가 차는 시계라는 점을 알리려는 의도입니다.

우리는 살면서 고정관념을 상식처럼 받아들이곤 합니다. 사실 우리가 알고 있는 상식은 깨뜨려야 할 고정관념일 수 있습니다. 한 줄의 여러 방법론 중에서 가장 강력한 방법을 꼽으라면 저는 주저 없이 이 장을 꼽겠습니다.

기존의 고정관념이 깨지면 사람은 충격을 받게 됩니다. 깨달음의 힘입니다. 상식이 깨지기 전과 후의 차이가 커서 한 줄을 만드는 다른 방법들에 비해 효과가 훨씬 좋습니다. 브랜드의 관점에서는 다른 브랜드와 확실하게 차별화할 수 있는 힘이 되기도 합니다.

장사는 이익을 남기는 것이 아니라 사람을 남기는 것이다. 최인호의 《상도》라는 책을 한 마디로 규정한다면 바로 이 한 줄이 되겠죠. 전통은 물려받는 것이 아니라 새롭게 만들어가는 것이다. (힌트) 전통은 지금껏 이어온 것을 그대로 받아 지키는 것이 아니라 내가 새로운 전통의 기준이 된다는 의미를 담았습니다.

근데 잘 보세요. 뭔가 공통된 틀이 있지 않나요? 《상도》도 그렇고 힌트도 그렇고 맨 처음 언급한 리꼬모도 그렇고. "(　　)가 아니라 (　　)다"라는 틀입니다. 역발상에 많이 쓰이는 틀입니다. 역발상은 이거 하나만 마스터해도 끝납니다. 꼭 연습하세요.

시간은 흐르지 않는다. 그것은 겹쳐 쌓인다. (산토리) 시집을 왜 가? 결혼을 하지! (마이웨딩)도 두 문장으로 나눈 차이가 있을 뿐 맥락은 위와 같습니다(상식에 대한 부정-새로운 주장).

세상에서 가장 먼 거리는 머리에서 가슴에 이르는 거리다. 만약에 순서를 바꿔 "머리에서 가슴에 이르는 거리는 세상에서 가장 먼 거리다"라고 했으면 어땠을까요? 밋밋해집니다. '세상에서 가장 먼 거리'가 먼저 나와야 '지구 반대편 아닐까?', '지구에서 우주 끝까지 아닐까?' 하는 고정관념이 잠깐이라도 떠오릅니다. 그 후에 머리에서 가슴에 이르는 거리, 물리적으로는 엄청나게 짧은 거리지만 따지고 보면 가장 먼 거리라는 답을 줘야 고정관념이 신선하게 깨지면서 '아하!' 하고 무릎을 치게 되지요.

《나에게 고맙다》. 나에게 하지 못한 인사라는 부제를 달고 있는 책 제목입니다. 그동안 우리는 고맙다는 말은 남에게 하는 것이라고 생각해왔습니다. 관점을 바꿔 남에게만 해왔던 감사를 나에게 해주자는 겁니다. 매사를 긍정적으로 생각해야 한다는 미명 아래 나에게 상처를 주는 사람들에게까지 고맙게 생각할 것을 강요하는 희망고문에 지친 '나'를, 그동안 많은 인생의 굴곡을 잘 넘기고 견뎌준 '나'를, 정작 챙기지 못했던 '나'를 돌아보게 하는 발상의 전환이죠. 세바시로 유명한 김창옥 교수의 그래, 여기까지 잘 왔다도 '나'라는 단어만 없을 뿐 같은 맥락입니다.

오십 보와 백 보는 크게 다른 것이다. (타니타 체중계) 평범하게 쓴다면 "건강을 위해 더 많이 걸으세요" 정도겠지만 타니타는 기존의 속담을 걸고넘어집니다. 우리가 흔히 '오십 보 백 보'라고 하면 별 차이가 없다는 얘기거든요. 하지만 다이어트 혹은 운동에 있어 오십 보 걷는 것과 백 보 걷는 것은 큰 차이가 있습니다. 매일 지속된다면 말입니다. 그 결과는 체중계가 말해주는 거고요. 그것도 매우 정확하게 알려준다고 타니타가 말하고 있습니다.

운동에 관한 한 줄이 나왔으니 이어가 봅니다. 쉬는 것도 수련입니다. 어떤 운동이든 부상을 완벽하게 피하기 힘듭니다. 특히 한창 운동에 중독되어 욕심을 내게 되면 한순간에 다칠 수 있습니다. 병원에서는 쉬라고 하는데, 어떻게든 빨리 복귀하고 싶은 욕심이 생깁니다. 아직 다친 곳이 회복도 안 되었는데 무리해서 나가다가 또 다치는 일이 반복되죠. 나가서 운동하는 것만이 수련이라는 고정관념 때문입니다. 주짓수 도장을 운영하는 제 지인인 정창국 관장은 그런 관원에게 이렇게 조언합니다. 쉬는 것도 수련이라고. 영화 〈히말라야〉에서도 엄홍길 대장 역의 배우 황정민이 말했죠. 한숨 더 자야 한 걸음 더 간다. 밤낮없이 한순간도 쉬지 않고 오르는 게 아닙니다. 길게 보면 쉬는 것도 하나의 수련이자 운동입니다. 쉬면서 나가고 싶은 욕심을 참고 회복되길 기다리는 인내가 또 하나의 수련이고, 이것이 운동을 더 길게 이어갈 수 있는 지혜입니다.

속옷은 첫 번째 겉옷입니다. (태창 빅맨). 속옷(겉옷에 가려진, 꼭꼭 감춰진 옷)이라는 건 누구의 관점일까요? 타인입니다. 남의 눈에 맨 먼저 보이는 것은 겉옷입니다. 마치 유럽 중심의 세계지도에는 한반도가 극동(동쪽 끄트머리)에 있는 것처럼 말입니다. 관점을 자기 자신으로 바꾸면 어떨까요? '자기 자신이 처음 입는 옷' 말입니다. 그럼 '첫 번째 겉옷'이 됩니다. 이렇게 관점을 바꾸는 것만으로도 새로운 한 줄이 탄생합니다. 새로운 생각이 탄생합니다. 우습게 볼 일이 아닙니다. 이런 발상이 역사를 바꾸는 계기가 될 수도 있으니까요.

고정관념에 갇혀 피해를 본 것이 어디 속옷뿐인가요? 양말도 할 말 있습니다. 그래서 삭스탑은 이렇게 외쳤죠. 양말도 옷이다. 당시 검은색,

흰색 일색이던 양말 시장에 다양한 컬러에 패션 감각을 살린 새로운 양말 브랜드로 론칭했죠.

머리카락이 가만있을 리 없습니다. 머리카락도 피부다. (비타민 피부케어). 이 한 줄을 보니 옛 생각이 납니다. 비듬이 많다며 빨래비누로 머리를 감던 제 동생. 가만 생각해보니 빨래비누가 머리에만 묻는 게 아니라 두피에도 묻어요. 머리도 두피도 피부고요. 얼굴을 빨래비누로 씻는 사람이 없듯 두피와 머리카락도 마찬가지입니다. 이 한 줄을 그때도 알았더라면, 동생을 뜯어말렸을 텐데……. 그랬다면 지금 동생은 머리카락 몇 올이라도 더 지킬 수 있었을 텐데…….

이것도 일정한 틀이 있습니다. 뭘까요? 이거죠. (   )도 (   )다. 여러분의 신체도 좋고, 중요하게 생각하지 않았던 무엇도 좋습니다. 그것에 묶여 있는 고정관념을 풀어주세요.

(   )도 (   )다.

(   )도 (   )다.

(   )도 (   )다.

나쁜 정보가 좋은 방을 구한다. (직방)

빼는 것이 플러스다. (홈플러스)

알바가 갑이다. (알바몬)

브랜드가 아니라 소비자다. (이마트)

모두 표현의 차이만 있을 뿐 맥락은 같습니다.

프랜차이즈 음식점 '놀부' 또한 역발상을 담은 이름입니다. '흥부가 더 잘 어울리지 않을까?' '음식도 많이 주고 서비스도 좋지 않을까?' 생각할 수도 있습니다. 사실 흥부는 착한 이미지지만 답답한 느낌을 줍니다. 물론 흥부를 이름에 넣은 식당도 분명 있고 잘될 수도 있을 겁니다. 어떻게 이름의 단점을 최소화하고 대신 장점을 극대화하느냐가 관건이니까요. 흥부는 왠지 가난하고 장사도 안 될 것 같은 이미지, 놀부는 욕심 많고 못됐을 것 같다는 생각 또한 고정관념일 수 있습니다. 어쨌든 처음 이름을 지을 때 역발상의 관점에서는 '흥부'보다는 '놀부'가 더 잘 어울립니다.

'놀부'라는 이름을 통해 얻고 싶었던 건 내 것만 챙기는 욕심쟁이 이미지가 아닙니다. '손님을 잘 알고 장사에 밝은 사업가 이미지'입니다. 놀부는 기본적으로 욕심이 많으니, 본인의 식탁뿐 아니라 손님에게도 잘 차려줄 것 같은 인상을 심어주려는 거죠. 화초장을 지고 가는 끈질김, 부를 지키려는 노력 등 부가 이미지까지 덧붙이는 거고요. 마약김밥 조폭떡볶이 못된 고양이 엉터리 생고기 못난이 샌드위치 바보스 모두 같은 맥락입니다. 붉은 악마 악동뮤지션도 마찬가지고요.

엄마, 나는 괜찮아. 얼굴이 온통 혹으로 뒤덮인 딸이 엄마의 얼굴을 어루만지는 사진에 곁들여진 한 줄입니다. 사실은 "엄마 나 힘들어"가 나와야 정상인데 역으로 바꿔버리니 오히려 보는 사람을 아프게 합니다. 실제 딸이 한 말일 수도 있고, 딸의 입장을 대변한 것일 수도 있습니다. 펀딩을 위한 스브스뉴스의 기사인데요. 목표 모금액인 3000만 원을 훌쩍 넘은 5억 6000만 원이 모였다고 합니다.

책 제목 중 역발상으로 가장 유명한 제목은 이거 아닐까요?《영어공부, 절대로 하지 마라!》2009년에 나온 책인데 현재까지 약 380만 부가 팔렸답니다. 근근이 버티던 출판사가 이 책 하나로 기사회생했다니 말 다했죠. 영어공부 하기 싫은데 억지로 할 수밖에 없는 사람들의 마음을 절묘하게 건드렸죠. 근데 결국 공부는 해야 합니다. 기존 방식 대신 새로운 공부 방식으로 해보자는 제안을 저렇게 역으로 이야기했습니다. 제 사부 탁정언의 《나쁜 일은 좋은 일이다》는 물론 정이현의 《상냥한 폭력의 시대》와 김호석의 《모든 벽은 문이다》도 마찬가지입니다.

또 어떤 책 제목이 있을까요? 여러분도 찾아보세요.

역발상이라고 180도 정반대로만 생각할 필요는 없습니다. 각도를 조금만 달리해도 역발상이 됩니다. 올해가 가기 전에 돌아오겠다고 하고 떠나간 사람. 근데 오지 않아요. 시간은 흘러 해가 바뀌었는데. 시간을 되돌려서라도 그 사람이 돌아올 시간을 줄 수 있을까요. 시간을 되돌린다는 건 익숙한 방법이죠. 시간을 멈추는 것도 그렇고요. 시간을 늘리면 어떨까요. 가수 별의 노래 제목 12월 32일에 그 마음이 담겨 있습니다. 현실에서는 불가능하지만 한 줄에서는 가능한 일입니다. 비슷한 예로 하루를 '24시'가 아닌 '25시'로 표현하는 한 줄도 있는데, 이제는 너무 익숙하다는 단점이 있죠. 12월 32일은 같은 맥락인데도 신선하게 다가옵니다. 처음 쓰였기 때문입니다. 영화 〈8월의 크리스마스〉도 마찬가지입니다.

서울시립대의 한 줄 중에 대학은 뚫어야 합니다가 있습니다. 역시 각을 살짝 달리한 역발상입니다. 만약 "대학은 여물어야 한다"는 고정관념이 있었다면 반대로 뒤집은 역발상이겠지만요. 뚫고 덜 여물어 보이는 지원자들의 속성을 빗대어, 그 가능성과 미래를 보며 잘 익어가도록 도와주겠다는 메시지입니다. "대학생은 뚫어야 합니다"라고 했으면 어땠을까요? 더 정확하게 찌르긴 했지만 한편으론 당연한 이야기가 됩니다. 대학생을 대학으로 바꿔버리니 약간의 언밸런스를 감수하고서라도 눈과 귀에 걸리게 됩니다.

KT의 광고 문구였던 나이는 숫자에 불과하다와 대중가요 제목인 내 나이가 어때서?는 서로 격이 다를 뿐 같은 메시지입니다. 어느 겨울에 열린 가수 전인권의 콘서트에 쓰인 한 줄은 겨울에도 노래는 얼지 않는다입니다. 이름에 걸맞게 인권(人權)에 대한 콘서트였는데요(당시 서울시 인권홍보대사). 다른 건 다 얼어도, 얼지 않는 노래의 힘으로 인권을 훈훈하게 지켜가겠다는 의미가 담겨 있습니다.

또 뭐가 있을까요?
우리는 제3의 공간을 판다. (스타벅스)
아이들에게는 봄과 여름 사이 또 하나의 계절이 있습니다. (베비라)

만약 세상이 온통 황금으로 덮여 있다면 사람들은 한 줌의 흙을 위해 싸울 거야. (오사무 감독)

지구가 위험하다고 말하지만 진짜로 위험한 것은 인간이다. (일본 환경단체 지구녹화센터)

《다수결을 의심한다》 (사월의책)

《알파고도 궁금한 바둑이야기》 (더메이커)

《알파고도 모르는 구글의 비밀이야기》 (아카데미 소프트)

《불편한 질문이 모두를 살린다》 (이콘)

《나에게 사표를 써라》 (북앳북스)

《나에게 고맙다》 (허밍버드)

《해피버스데이투미》 (문학과지성사)

《나쁜 기업이 되라》 (박영사)

《우리는 왜 공부할수록 가난해지는가》 (사이행성)

《여자다운 게 어딨어》 (창비)

한 줄에 역발상을 담을 때 주의할 점은 뭘까요? 단순히 눈에 띄기 위한 역발상을 하면 안 됩니다. 그 뒤가 더 중요합니다. 기존의 고정관념과 맞장을 뜨려면 자신만의 무기가 있어야 하는 거죠. 그래야 사람들이 그 발상을 인정해줍니다. 고정관념은 결코 글 한 줄에 무너질 정도로 쉬운 상대가 아닙니다. 영어공부를 절대로 하지 말라고 했으면 '이 책의 방법대로 하면 소기의 목적을 이룰 수 있겠구나' 하는 확신이 들게 해야 합니다. 하지 말라고 큰소리친 후에 영어공부 안 해도 사는 데 지장 없다는 얘기인지 그냥 놀라는 얘기인지 얼버무리면 안 됩니다.

부정적인 이름을 쓰는 경우엔 가치와 철학이 더욱 중요해집니다. 이름에서 느껴지는 부정적 이미지를 긍정적으로 바꿔줄 팩트와 에너지가 필요합니다. 그게 없으면 진짜 부정적 이미지로 둘러싸이게 됩니다. 조폭떡볶이가 맛도 없고 불친절하기까지 하면 다시는 먹고 싶지 않을 겁니다. 조폭떡볶이는 이름에 왜 조폭을 썼을까요? 물론 눈에 띄게 하기 위해서가 첫 번째 이유겠죠. 그걸로 그치면 안 됩니다. '맵고 맛있어서 눈물을 쏙 뺄 정도의 맛', '(폭력을 통해) 남의 눈에 눈물 나게 하는 조폭'의 이미지가 아닌 '(맛있게 맵게 하여) 눈물 나게 한다'는 이미지로 바꿔야 합니다. 그것이 가게의 운영철학이기도 해야 하고요.

엄터리 생고기는 어떤가요? "이렇게 맛있고 신선한 고기를 무제한으로 주는 엄터리가 어딨어?", "여기 있습니다" 하는 대화가 오갈직한 마케팅 근거와 철학이 있어야 합니다. '맛이 엄터리', '가게가 엄터리', 이런 결론이 나지 않게 말이죠.

채울 수 있는 기회를 줘라

여백

때론 결론을 내지 마라.
사람들에게 양보하라.
스스로 채울 수 있는 기회를 줘라.

나를 잊으셨나요?

누구의 한 줄일까요?

○○○

대화를 해보면 압니다. 상대에게 말할 기회를 주지 않고 혼자만 이야기하는 사람, 혼자 결론을 내버리는 사람이 있습니다. 그런 사람은 어딜 가더라도 환영받지 못합니다. 상대의 말에도 귀 기울이는 자세가 중요합니다. 글은 좀 다릅니다. 종이에 기록되는 속성상 저자는 독자에게 어느 정도 일방적으로 전달할 수밖에 없습니다. 적어도 예전에는 말이죠.

시대가 바뀌었습니다. 디지털기술의 발달로 개인이 각자의 미디어를 통해 실시간으로 목소리를 낼 수 있는 시대입니다. 실시간으로 마케팅에서 정치에 이르기까지 '참여'가 중요한 화두로 자리 잡고 있습니다. 더 이상 사람들은 일방적인 정보 제공에 휘둘리지 않습니다. 자신의 목소리를 내고 싶어합니다. SNS의 한 줄이 기업의 심장을 쫄깃하게 만들고 책 저자, 유명인에서 정치인에 이르기까지 실시간 맞장을 뜰 수 있는 무기가 되기도 합니다.

사람들에게 각자의 목소리를 낼 수 있는 여유와 공간을 주는 사례, 알아볼까요? 바나나맛우유 아시죠? 그동안 브랜드는 누구도 건드릴 수 없는 성역처럼 취급했습니다. 기업들은 제품 브랜드를 만들 때 까다로운 규정을 포함한 지침서를 만들어 로고나 명칭을 애지중지 보호하기도 합니다. 하지만 빙그레 바나나맛우유는 아예 자신의 브랜드를 무장해제했습니다.

패키지에 바나나맛의 ㅂ, ㄴ, ㄴ, ㅁ 초성을 지우고 ㅏ, ㅏ, ㅏ, ㅏ 중성만 남겨놓는 파격을 통해서 말이죠. 이게 바로 '채워 바나나맛우유' 캠페인 입니다. 소비자의 속을 든든하게 채운다는 제품 속성에만 머물지 않고, 소비자가 바나나맛우유를 직접 채워준다는 캠페인으로 연결시킵니다. 소비자가 직접 용기 위에 글씨를 써서 자신만의 독창적인 한 줄로 만듭니다. 인증샷을 빙그레 SNS에 올리면 다른 사람들이 공유하고요. 아이디어가 좋은 한 줄을 모아 시상했습니다. 엄청난 참여는 물론 기발한 한 줄도 많았습니다. 매출은 물론 이미지 개선 효과도 톡톡히 보았죠.

'당당해맛우유', '아자자맛우유', '사랑해맛우유' 같은 평범한 한 줄부터 '잠깨라맛우유', '최강한화맛우유', '간다!악맛우유', '칼퇴해맛우유' 등 기발한 한 줄에 이르기까지 다양한 작품이 SNS를 통해 모이고 공유되며 확산되었습니다.

'바나나맛우유는 이런 특징이 있다', '이럴 때 바나나맛우유로 속을 채우라'는 등의 일방적인 주장만 했다면 이런 결과를 기대할 수 있을까요? 물론 그런 주장이 캠페인의 단계에 따라 필요하기도 하지만 바나나맛우유가 이미 많이 알려지고 경쟁 제품이 치고 들어오는 시점에서는 방법을 달리해보는 게 중요합니다.

사실 결론을 소비자에게 양보하는 한 줄은 예전부터 있었습니다. 바나나맛우유 같은 캠페인보다는 덜 적극적이었을 뿐이죠. 내가 피아노 앞에 앉았을 때, 그들은 나를 비웃었다. 하지만 내가 연주하기 시작하자……: 미국의 US피아노학원을 홍보하는 한 줄입니다. 역시 결론을 내지 않았습니다. 뒤에 숨겨진 한 줄은 무엇이었을까요? 평범하게 생각한다면 "비웃던 청중들이 넋을 잃었다." 정도겠죠. 재미있게 가자면 "더 비웃었다"가 나올 수도 있습니다. 여백을 두면 사람들이 알아서 채운다는 점, 잊지 마세요.

질문으로 끝나는 한 줄은 사람들에게 궁금증을 남기거나 결론을 대신 낼 수 있는 기회를 줍니다. 2017년 3·1절을 맞아 서울시청 꿈새김판에 걸린 글귀는 나를 잊으셨나요?입니다. 일본군 위안부 피해자 할머니 한 분이 친필로 쓴 글귀죠. "나를 잊지 마세요"라고 결론을 내리기보다 잊으셨냐고 묻는 게 더 강합니다. 사람들이 생각하지 않을 수 없도록 공을 넘긴 겁니다. 미리 결론을 내려버리면 생각의 여지가 그만큼 줄어듭니다. 앞에서 연습하면서 결론을 내린 한 줄이 있다면 이를 의문형으로 바꿔보세요.

"우리는 제3의 공간을 판다."
→ 스타벅스가 파는 건 과연 커피일까?

"아이들에게는 봄과 여름 사이 또 하나의 계절이 있습니다."
→ 봄과 여름 사이, 아이의 계절은 무엇일까?

"다수결을 의심한다."
→ 다수결은 믿어도 되나?

"알파고도 궁금한 바둑이야기."

→ 알파고라고 바둑을 다 알까?

"나에게 고맙다."

→ 왜 남에게만 고마워할까?

"영어공부, 절대로 하지 마라"

→ 영어공부 꼭 해야 돼?

✎ ～～～～～～～～～～～～～～～～～～～～～～～～～～～～

→ ～～～～～～～～～～～～～～～～～～～～～～～～～～～～

✎ ～～～～～～～～～～～～～～～～～～～～～～～～～～～～

→ ～～～～～～～～～～～～～～～～～～～～～～～～～～～～

✎ ～～～～～～～～～～～～～～～～～～～～～～～～～～～～

→ ～～～～～～～～～～～～～～～～～～～～～～～～～～～～

살펴보면 원안이 더 나은 게 있고, 의문형이 더 나아 보이는 게 있습니다. 예를 들면 "영어공부 꼭 해야 돼?"보다는 "영어공부, 절대로 하지마라"가 100만 배 더 낫습니다. 영어공부 하지 마라는 명제 자체가 그전엔 들어본 적이 없는 파격이기 때문입니다. 굳이 의문형으로 바꾸어 뜸들일 필요가 없습니다.

둘 다 상황에 맞게 선택하여 쓸 수도 있습니다. 예를 들어 "스타벅스가 파는 건 과연 커피일까?"로 궁금증을 자아낸 후 아래 "스타벅스는 제3의 공간을 판다"를 답으로 제시하는 방법도 좋습니다. "왜 남에게만 고마워할까?", "나에게 고맙다"의 경우도 마찬가지입니다. 의문형으로 했을 때 효과적인 한 줄 몇 가지를 더 소개합니다.

《나는 왜 싫다는 말을 못할까?》 (위즈덤하우스)

《왜 나는 항상 결심만 할까?》 (알키)

《우리는 왜 위험한 것에 끌리는가?》 (한빛비즈)

《왜 명화에는 벌거벗은 사람이 많을까요?》 (생각하는책상)

《왜 세계의 절반은 굶주리는가?》 (갈라파고스)

왜 한국인은 자신이 불행하다고 생각할까? (광고계동향, 2009년 5월 칼럼)

왜 엄마는 나를 다리 밑에서 주워왔다고 할까? (네이버)

왜 셰프들은 와인으로 설거지를 할까요? (청포도 깨끗설거지)

왜 나이가 들면 똑같은 펌을 할까요? (아모레 안티에이징 샴푸)

잘 보면 공통점이 있습니다. "왜 ○○할까?"라는 틀입니다. 그러면서 사람들의 인사이트를 정확하게 꿰뚫고 있죠. 어찌 보면 당연한 것이라고 생각하며 지내왔는데 누군가 의문을 던졌을 때 '왜지?' 하고 궁금해지는, 그리고 '맞아, 맞아, 내 얘기야!' 할 수 있는 인사이트 말이죠. 셰프가 설거지에 와인을 쓴다는 것이 인사이트는 아닙니다. 새로운 정보라서 솔깃한 거죠. 주부들은 기본적으로 셰프에 대한 선망이 있고, 그들이 쓰는 용품에 관심이 있으니까요. 게다가 세제가 아닌 와인으로 설거지를 한다니 이유가 궁금해질 수밖에 없습니다.

의문형으로 했는데 효과가 별로 없는 한 줄도 있습니다. 흉터, 왜 시카케어를 붙여야 할까? (동국제약 시카케어) 흉터에 좋은 제품들은 이미 많이 나와 있습니다. 시카케어만 있는 게 아닙니다. 왜 시카케어를 붙여야 하는지 사람들은 궁금해하지 않습니다. 왜 붙여야 할까라고 묻지 말고 왜 시카케어가 좋은지, 시카케어의 차별점이 무엇인지를 한 줄로 풀어주는 게 좋습니다. 만약 떼어낼 때 통증이 덜하다면 그런 점을 인사이트로 잡아서 강조해도 좋고요. 아픔 없이 상처만 떼어낸다. 이렇게 할 수도 있습니다. 사실 약 이름은 대부분 외국어로 되어 있어서 이름 하나 기억시키는 것도 어려운 경우가 많죠. 만약 (적절한지 여부를 떠나서) 광고 모델로 소녀시대 제시카를 쓸 수 있다면 제시카 케어! 시카케어! 이렇게 하는 게 기억에 남기기엔 훨씬 유리합니다. 약 이름을 기억하지 못하면 사고 싶어도 살 수 없으니까요. 다만 제약광고의 경우 제약사항(까다로운 광고심의)이 많아서 하고 싶은 말을 못하거나 돌려서 해야 하는 고충이 있습니다.

마흔다섯의 화장품, 왜 달라야 할까요? (로제 천지향), 요즘 왜 다들 프렌치카페를 좋아할까? (남양 프렌치카페), 우리 엄마는 스냅스를 왜 안 할까? (포토북 스냅스) 등도 마찬가지입니다. 군이 의문형을 사용해야 할 이유가 없습니다. 마흔다섯의 화장품, 왜 달라야 할까요?보다는 마흔다섯 살 정도의 피부가 느끼는 인사이트를 건드려주는 것이 좋습니다. 예를 들어 화장이 잘 받지 않는 나이, 마흔다섯의 화장품은 달라야 한다, 왕년 사진 보며 한숨 그만! 마흔다섯의 화장품은 달라야 한다! 같이 말이죠. 물론 더 구체적인 제품 속성과 시장 상황 등을 고려해야겠지만, 지금은 연습이니까 자유롭게 생각해보면 됩니다.

요즘 왜 다들 프렌치카페를 좋아할까?는 그다지 신뢰가 가지 않습니다. 경쟁 제품인 맥심 커피믹스를 압도적으로 이긴 것도 아니고, 맥심을 좋아하는 사람도 많은데 '다들 좋아한다'고 하는 게 근거도 없고 두루뭉술하면서도 공격적이기 때문이죠. 이 경우 통계자료에 근거한 수치를 제시할 수 없다면 포기하는 게 좋습니다. 왜 10명 중 9명이 에듀카에 다시 가입할까요? (교원 에듀카) 같은 한 줄과 비교해보세요. 통계에 의한 자료이면서 재가입 희망자를 공략하는 한 줄이기 때문에 훨씬 효과적입니다.

상황에 따라 모든 것은 변합니다. 물이 어떻게 흘러가나요? 바위를 만나면 돌아가고 때론 바위를 덮기도 합니다. 높은 곳에서 낮은 곳으로 흐릅니다. 작은 물방울로 출발하여 큰 바다를 이루죠. 한 줄도 마찬가지입니다. 한 줄을 고인 물에 가두지 마세요.

하나에 매몰되지 말고 이 방법 저 방법, 골고루 적용해보세요. 카니발의 한 줄 중에 검색이 아닌 경험으로 너의 답을 찾아봐, 떠나야만 알 수 있는 것들 카니발이 있습니다. '떠나야만 알 수 있는 것들'은 베스트셀러 《멈추면 비로소 보이는 것들》의 패러디입니다. 검색이 아닌 경험으로 찾아보라는 것은 '검색'과 같은 디지털의 풍요가 결코 아이들에게 좋은 학습이 될 수 없다는 부모의 '인사이트'를 건드려주고 있죠.

지름길은 없습니다, 바른 길을 갑니다. 정관장의 경우도 그렇습니다. 지름길-바른길의 언어유희를 살리면서 기업의 올곧은 '정체성'을 나타내고 있지요. 지난 대선에서 문재인 1번가는 11번가의 패러디이면서 정책을 쇼핑에 '비유'했습니다. 쿠팡의 '로켓배송'은 빠른 배송을 '로켓'에 비유한 것으로 서비스의 '속성'을 제대로 짚어냈죠. 알라딘의 '책 읽는 개만'은 '유머'이면서 '개 출입금지'에 대한 '역발상'이기도 합니다. 개를 키우는 사람들의 '인사이트'를 반영한 것이기도 하고요.

지금껏 다룬 다양한 예시를 보면 하나의 솔루션보다 여러 솔루션을 함께 적용한 경우가 많습니다. 여러 솔루션이 함께 적용되도록 틀거리를 만든다면 다음 그림과 같습니다. 각 솔루션의 아래쪽은 괄호 표시로 비워두었습니다. 효과를 기대할 만한 또 다른 솔루션을 발견하여 직접 채워넣어보라는 의미입니다. 그걸 발견하는 것도 한 줄을 잘 쓰기 위한 학습입니다. 예를 들어 테마별 한 줄 솔루션의 괄호에 '숫자' 같은 테마를 넣어보는 거죠. 백만스물하나, 백만스물둘로 기억되는 '에너자이저 백만돌이 캐릭터', 《성공하는 사람들의 7가지 습관》 별이 다섯 개! 장수돌침대 3분 카레도 모두 숫자를 내세워 효과를 본 한 줄입니다.

'노래'를 넣을 수도 있습니다. 독도를 동경 132, 북위 37로 기억하게 하는 힘은 단연 노래입니다. 에스오일의 품질을 친근하게 알린 나는 에스오일, 에스오일~ 좋은 기름이니까나 부탄가스 썬연료의 조강지처가

미션을 해결하는 솔루션

셀프디스
충격요법
경쟁의식
이익
유머
자신감
달라 보이게
있어 보이게
젊어 보이게
자타공감
가격 경쟁력
특장점
약점 공략
타깃 확장
링 벗어나기
(   )
(   )
(   )

**타깃·
생활자**

· 타깃의 속성, 라이프스타일, 인사이트 등
· 타깃이 나, 제품, 브랜드 기업에 갖는 인식, 태도 등

**나,
제품,
브랜드**

· 나의 이야기(생애, 가치관, 성격 등)
· 제품 브랜드, 기업의 속성, 가치 등

테마별 한 줄 솔루션

비유
의인화
언어유희
패러디
반전
스토리텔링
역발상
여백
(   )
(   )
(   )

**시장·
경쟁자**

· 시장에서 나, 제품, 브랜드, 기업이 갖는 위치, 위상 등
· 경쟁자와의 차별점 등

좋더라, 썬연료가 좋더라도 결국 노래의 힘을 입증한 좋은 예입니다.

'감동', '휴머니즘' 같은 전통적인 솔루션도 있겠지만 요즘 사람들, 특히 젊은 층은 종잡을 수 없다는 점을 유념한다면 '웃픔', '들었다 놨다' 라는 화두처럼 하나로 규정할 수 없는 다양한 감정을 자극하는 솔루션을 생각할 수도 있습니다. 이마트의 '나의 소중한 약속'이나 티몬 슈퍼마트의 '신선한 사랑' 같은 웹드라마 광고를 보면 알 수 있습니다. 짠하면서도 웃기고, 감동적으로 가는 듯하다가 코믹으로 마무리합니다.

'언밸런스'도 괜찮은 솔루션입니다. 유행을 심하게 타지 않으면서도 꾸준히 통용되는 솔루션이자 젊은 층이 즐겨 쓰는 문법입니다. 사소한 사건을 과장되게 표현하고, 심각하거나 대단한 사건을 대수롭지 않게 표현합니다. 과장 표현의 예는 어떤 게 있을까요? "못 볼 걸 봤다" 같은 평범한 한 줄 대신 안구 테러, "취향에 맞췄다" 같은 평범한 한 줄 대신 취향 저격, 남성 솔로들의 짝 찾기 이벤트를 전쟁으로 비유한 솔로대첩 등이 그렇습니다. 명백한 사실을 나열하며 상대를 꼼짝 못하게 한다는 의미의 팩트 폭격, 팩트리어트미사일…… 눈에 띄는 사례는 주로 전쟁을 연상시키네요. 한국에서의 인생은 전쟁이죠. 청년들은 말할 것도 없고요.

반대의 예는 어떤 게 있을까요? 턱걸이를 한 번에 수십 개씩 하는 어르신의 모습을 다룬 영상 제목으로 한국의 흔한 60대 같은 게 있겠네요.

아이디어가 마음에 들지 않거나 잘 풀리지 않는다고 무조건 버리는 일

은 없어야 합니다. 머릿속에 저장해두거나 메모했다가 다듬고 조합하면
서 가장 효과적인 한 줄이 무엇인지 찾아보는 연습을 하면 됩니다. 넝마
같았던 한 줄이 금테 두른 한 줄로 변신하는 경우도 많으니까요.

한 줄 쓰기를 위한
생각 압축의 기술

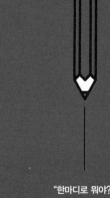

"한마디로 뭐야?"
이에 대한 답을 한 줄로 만들어내는 것,
평소에 많이 연습해두기 바랍니다.
여러분이 접한 소설이나 영화, 음악, 인물은 물론
여러분이 만드는 시나리오, 기획서 등에 이르기까지
한 줄로 똑 부러지게 축약하는 연습을 해보세요.

한 줄의 역학관계

한 줄과 한 줄이 만나 어떤 도움을 주고받는지,
한 줄마다 지향하는 바가 다른 경우는 어떤 건지,
긴 글이나 복잡한 생각을 왜 한 줄로 정리해야 하는지에 대해 살펴봅니다.

대표하는 한 줄,
보조하는 한 줄

앞의 많은 사례에서 알 수 있듯 하나의 한 줄만으로 충분한 경우도 있지만 또 다른 한 줄이 돕는 경우도 있죠. 예를 들어 공무원이 만들면 안 봐도 비디오는 시민들의 인사이트를 건드려 시선을 끄는 용도입니다. 일종의 호객꾼 역할이죠. 그런데 시선만 끌어서는 안 됩니다. 쳐다보게 하고 흐지부지하면 화납니다. 호객을 했으면 물건을 팔아야죠. 왜 시선을 끌었는지, 전하고자 했던 메시지는 무엇인지 바로 답을 줘야 합니다. 이게 없으면 그냥 미끼만 건드리게 하고 되돌려보내는 허탕 낚시입니다. 공무원이 만들면 안 봐도 비디오는 시민들의 공모전 참여를 독려하는 메시지로 이어져야 합니다. 그게 서울 브랜드, 당신 없인 망합니다라는 한 줄로 반영되었죠. 여기서는 '대표하는 한 줄'과 '보조하는 한 줄'로 표현합니다.

책 제목에 이런 사례가 많습니다. 살펴볼까요? 앞서 의문형으로 본 책 제목 중에 《왜 명화에는 벌거벗은 사람이 많을까요?》가 있었죠. 이

것을 보조하는 한 줄은 그림 속에 숨겨진 여러 가지 비밀입니다. 사실 명화에 벌거벗은 사람이 많은 것에 대한 해답은 아닙니다. 이 책이 그 한 부분만 다루진 않는다는 이야기죠. 그림 속에 숨겨진 여러 가지 비밀 중에 가장 독자의 호기심을 끌 수 있는 부분 하나만 잡아낸 게 '벌거벗은 사람'인 셈이죠. 만약 보조적인 한 줄을 다른 방향으로 자유롭게 바꿔본다면 어떨까요? 책의 방향을 조금 더 바꾸셔도 됩니다.

"왜 명화에는 벌거벗은 사람이 많을까요?"- (   )

저라면 이렇게 바꿔보겠습니다.

《왜 명화에는 벌거벗은 사람이 많을까요?》-명화의 비밀을 벗기는 20가지 방법

벗긴다는 개념을 한 번 더 반복하면서 독자들의 귀에 익게 하고, 그 방법의 개수를 구체적으로 제시했습니다.

브랜드 네임이라면 어떻게 적용될까요? 음식점 이름에서 먹쉬돈나가 대표하는 한 줄이라면 먹고 쉬고 돈 내고 나가라는 보조하는 한 줄입니다. 보조하는 한 줄이 없으면 무슨 소리인지 알아채기 어렵습니다. 뭔 소리야? 하는 반응까지만 나오기 쉽습니다.

신문기사는 어떨까요? 비 오는 날 공 친다 - 국내 최초 돔야구장 고

척스카이돔 완공(《경향신문》, 2015. 9. 15). 여기서 '공'의 의미는 허탕 친다는 의미의 빈 '공(空)'일 수도 있고 야구공일 수도 있습니다. 기자는 후자의 의미로 사용하면서도 전자의 의미를 염두에 두고 있습니다. 지붕이 있는 고척 스카이돔에서는 비 오는 날에도 야구를 즐길 수 있다는 메시지를 전달했습니다.

국내 최초 돔야구장 고척스카이돔 완공에서 알 수 있듯 신문기사에서 보조하는 한 줄은 다른 예보다 팩트에 더 가깝습니다. 사실이나 전하고자 하는 주제를 직접 전달해야 하는 기사의 속성상 그렇습니다. 만약 가게 이름에 활용되는 언어유희가 주제인 기사라면 먹쉬돈나, 카페 개네―언어유희 이름이 뜬다! 이렇게 쓸 수 있겠죠.

비전을 표현한 한 줄,
속성을 표현한 한 줄

탐스슈즈의 한 줄은 내일을 위한 신발(Shoes for Tomorrow)입니다. 만약 이 한 줄로 탐스슈즈를 전혀 모르는 사람에게 설명한다면 어떨까요? "탐스슈즈가 뭐야?" "내일을 위한 신발이 뭔데?" 이런 질문이 돌아올 가능성이 높죠. 어떤 한 줄로 요약할 수 있을까요? 한 켤레를 구입하면 한 켤레를 제3지대 어린이에게 기부하는 신발입니다.

누가 만들었고, 가격대가 어떻고, 재질은 무엇인지, 어떤 종류가 있는지를 논하는 것도 필요하지만 나중 문제입니다. 우선 소비자가 바로 이해할 수 있도록 브랜드의 가장 명확한 속성과 특징을 한 줄로 규정해주어야 합니다.

내일을 위한 신발은 탐스슈즈의 속성과 취지를 알게 된 후에야 비로소 공감할 수 있습니다. 속성에서 출발했지만 결국 창업주가 가고자 하는 기업의 비전을 표현하고 있습니다. "내가 만든 탐스는 이런 가치를 가졌어." 혹은 "내가 탐스로 바꿔가고 싶은 세상은 이런 거야!"에 대한 답이자 기업이 지향하는 경영 철학을 한 줄로 요약하는 게 바로 '비전을 표현한 한 줄'이죠.

내일을 위한 신발이라는 한 줄만 놓고 보면 사실 모호하고 두루뭉술합니다. 내일 신어도 편안하다는 의미인지, 신발을 통해 더 나은 미래를 만들어간다는 건지 애매합니다. 당연히 후자입니다. 그렇다 쳐도 여전히 애매합니다. 내일을 위한 신발이 탐스만의 영역은 아니기 때문입니다. 누구나 쓸 수 있기도 하고요. 그럼에도 불구하고 탐스슈즈만의 한 줄입니다. 내일을 위한 신발이라는 한 줄을 선점했기 때문입니다. 선점하여 사람들의 인식에 새겨지면 다른 신발 브랜드는 저런 류의 한 줄을 무조건 피해가야 합니다. 비슷하게 가버리면 결국 탐스슈즈의 영역에 흡수되어 남 좋은 일만 해주는 셈이니까요.

신발을 기부와 연결시킨 철학과 아이디어가 독보적이기 때문이기도 합니다. 탐스슈즈가 내일을 위한 신발이라고 하면 그럴 듯해 보입니다. 내일을 위한 신발은 이변이 없는 한 계속 이어질 것입니다. 계속 이어져야 하고요.

'속성을 표현한 한 줄'은 제품이나 브랜드 속성을 알기 쉽고 명쾌하게 표현하는 것이며, '비전을 표현한 한 줄'은 브랜드나 기업의 가치철학에 가깝습니다. 다른 예를 살펴볼까요?

카카오프렌즈: 카카오가 만든 카카오톡 이모티콘 기반의 캐릭터(속성) 즐거운 에너지 충전소(비전)

즐거운 에너지 충전소도 마찬가집니다. 카카오프렌즈를 전혀 모르는 사람이 들으면 무슨 말인지 도무지 알 수 없습니다. 브랜드 속성을 문장으로 정리하면 '카카오가 만든 카카오톡 이모티콘 기반의 캐릭터'가 맞습니다. 문서에 쓸 일이 있다면 이렇게 써야 하고요. 다만 문어체라 어렵게 느껴집니다. 나이 드신 분에게 설명한다면 어떻게 하시겠습니까? 구어체로 바꿔볼까요?

저라면 이렇게 하겠습니다. 엄마, 카톡 하다 보면 곰이나 오리 같은 여러 가지 동물 캐릭터가 뜨잖아요? 그거예요.

즐거운 에너지 충전소는 카카오프렌즈를 잘 알고 있고 익숙한 사람들에게 특히 공감을 살 수 있는 한 줄입니다. 팬덤의 충성도를 높여 지속적인 구매와 공유를 유도하며 잠재고객을 유인할 수 있습니다. 기업의 비전이기도 합니다. 직장 또는 일상에 지친 사람들에게 즐거움이란 에너지를 충전해주는 곳이라는 의미입니다.

에비앙: 프랑스 에비앙 지역의 광천수로 만든 먹는 샘물 젊게 살아라(Live Young)

에비앙은 광천수를 파는 게 아니라 젊음을 팝니다. 젊게 살라는 마케팅 전반에 드러나게 혹은 드러나지 않게 반영되는, 기업이 소비자에게 보내는 메시지입니다. 기업의 비전 쪽으로 각색하자면 사람들에게 젊음을 주는 에비앙 정도가 되겠죠. 탐스슈즈의 내일을 위한 신발이나 카카오프렌즈의 즐거운 에너지 충전소보다는 더 구체적이고 제품 속성과도 잘 어울립니다.

긴 글도
결국 한 줄

어느 홍보영상 시사회에 참석했습니다. 영상을 보여주기 전에 제작사에서 의도를 설명하는데 무슨 의미인지 통 알아들을 수 없었습니다. 아니나 다를까 영상도 마찬가지였습니다. 뭔가 정신없이 흘러가다가 끝나더군요. 광고회사에서 광고밥을 먹은 제가 도저히 이해할 수 없는 영상이라면 문제가 심각하지요. 영상의 내용이나 흐름을 일부러 논리적인 흐름에 구애받지 않고 만들어 오히려 집중도를 높이려는 것이 목적이라면 이해합니다. 감성적인 제품의 홍보영상이나 브랜드 이미지를 다루는 홍보영상이라면 그렇게 만들어야 하는 경우도 있으니까요. 근데 그게 아니었습니다. 명확하게 정책의 핵심을 알려야 하는 영상이었기 때문입니다.

만약 영상 제작자에게 그 영상을 한 줄로 설명해보라고 하면 머뭇거렸을 것입니다. 한 줄로 설명하기엔 너무 길고 복잡한 이야기로 구성했으니까요. 본인만 이해하는, 혹은 본인도 이해하지 못하는…….

아무리 긴 콘텐츠라도 말하고자 하는 바를 한 줄로 요약할 수 있어야 합니다. 그것이 꼭 겉으로 드러나지 않아도 내부적으로 가져야 할 방향이자 다른 길로 새지 않게 하는 브레이크 역할을 할 수 있으니까요. 그렇게 줄여서 생각하는 능력이 한 줄을 만드는 데 큰 도움이 되니까요. 그 한 줄을 기반으로 출발한다면 어떤 콘텐츠를 만들더라도 흔들리지 않습니다. 기획이 단단해지는 필수요건입니다.

"한마디로 뭐야?" 이에 대한 답을 한 줄로 만들어내는 것, 평소에 많이 연습해두기 바랍니다. 여러분이 접한 소설이나 영화, 음악, 인물은 물론 여러분이 만드는 시나리오, 기획서 등에 이르기까지 한 줄로 똑 부러지게 축약하는 연습을 해보세요.

참고로 제 지인 장훈 씨가 운영하는 원주 도도캠핑장을 한 줄로 요약하면 '엄마와 아이가 좋아하는 캠핑장'입니다. 그런 캠핑장이라면 아빠도 따라올 수밖에 없다는 거죠. 아이들을 위한 모래 놀이터, 깡통 열차, 타미야 레이싱 경기장은 물론 깨끗한 화장실과 개수대 등으로 엄마들까지 만족시킵니다. 다른 곳에서 찾기 힘든 차별점입니다. '엄마와 아이가 좋아하는 캠핑장'은 캠핑장의 비전이면서 새로운 서비스의 검증 기준이 되기도 하고 캠핑을 즐기는 사람들 머릿속에 도도캠핑장 하면 떠오르는 한 줄이 되기도 합니다. 우린 뭐도 있고, 뭐가 좋고, 뭐를 계획 중이고 등을 나열하면 길고 장황해지지만 결국 이를 정리해주는 건 한 줄입니다.

한 줄,
그때그때 다르게

제품, 시장, 타깃, 매체 등에 따라 한 줄도 달라집니다.
상황에 꼭 맞는 한 줄을 쓰는 방법을 소개합니다.

제품과 시장은
어떤가?

마케팅의 한 줄은 팔고자 하는 제품이나 브랜드를 잘 아는 데서부터 시작합니다. 나 자신을 모르고서야 무슨 재주로 남에게 팔 수 있겠습니까? 제품이라면 그 제품의 기본 스펙부터 살펴보는 게 좋습니다. 그리고 거기에서 특장점을 뽑아내야 합니다. 스펙과 특장점은 좀 다릅니다. 노트북을 예로 들자면 운영체제, CPU, 메모리, 디스플레이, 무게, 가격 같은 정보가 제품의 스펙입니다. 특장점은 그중에서도 타깃에게 유의미한 점만 뽑아낸 것을 말합니다. 군인으로 비유하면 모든 병사들은 스펙에 해당하고 특급전사가 특장점에 해당합니다.

그렇다면 각 회사의 노트북이 내세울 만한 특장점은 무엇일까요? 들고 다니려면 무엇보다 얇고 가볍게 만드는 것이 중요하겠죠. 요즘은 배터리 지속 시간도 각 회사들이 경쟁적으로 내세우는 특장점입니다. PC를 능가할 수는 없지만 성능에 대한 언급 또한 마찬가지죠. 노트북 광고를 잘 보면 보통 이 세 가지 범주 안에서 해결됩니다. 물론 자세한 제품 스펙은 하단에 소개하거나 홈페이지에서 추가 안내를 해줍니다.

휴대성, 배터리, 성능. 이 세 가지가 유의미한 특장점이라 해서 한 줄 안에 다 우겨넣는 것은 좋지 않습니다. 다 담으면 보통 이런 한 줄이 나오죠. "얇고 가벼운 ○○노트북! 배터리는 물론 성능까지 짱짱!" 이렇게 모든 걸 한 줄 안에 다 전달하려다 보면 하나도 제대로 못 건지는 결과를 낼 수 있습니다. 경우에 따라 다르지만 가장 크게 들어가는 한 줄로는 하나만 강조하는 게 좋습니다. 성능이면 성능, 휴대성이면 휴대성, 배터리면 배터리.

하루 종일 쓸 수 있어야 진짜 노트북.

삼성노트북 9ALWAYS를 대표하는 한 줄입니다. 배터리가 23시간 지속된다는 특장점을 하루 종일 쓸 수 있다는 소비자 언어로 바꿔 한 줄로 표현한 거죠. 물론 광고 하단에는 CPU, 윈도 운영체제 같은 기본 스펙들이 깔립니다. 아주 작게 말이죠. 그것들도 중요한 정보인데 왜 작게 제시했을까요? 둘 다 크게 하면 특장점이라고 내세운 '배터리 시간'이 묻혀버리기 때문입니다. 어차피 이 노트북에 대해 궁금한 타깃이라면 인터넷이나 카탈로그를 통해 구체적인 내용을 알아봅니다. 낚싯바늘 하나에 미끼는 하나만 달면 됩니다.

브랜드 이미지가 미치는 영향도 큽니다. 대기업 노트북이 23시간을 내세우고 그 특장점에 끌린 타깃이라면 대기업 제품이라는 브랜드 이미지 때문에 성능이나 다른 세부 사항은 어느 정도 신뢰하고 봅니다.

인지도 낮은 중소기업 노트북이라면 가성비(가격 대비 성능)가 특장점인 경우가 많겠죠. 시장에서 차지하는 위치에 따라 달라지는 경우입니다. 만약 얇게 만들었는데 가격 조건도 좋다면 어떤 한 줄이 나올 수 있을까요? 노트북, 더 얇아졌다, 가격까지! 같은 한 줄이 나올 수 있겠죠. 물론 한 줄 안에 두 가지 특장점을 담긴 했지만 이 정도면 무리 없이 받아들일 수 있습니다.

이런 경우도 있습니다. 한두 가지 특장점만 중요한 게 아니라 여러 가지 특장점이 골고루 중요하다면? 노트북은 아니지만 과거 화제가 되었던 LG의 X키보드의 한 줄 사례를 볼까요? LG는 사회공헌 같은 좋은 활동을 하면서도 홍보엔 소극적이거나 제대로 안 하는 기업으로 인식되어 있습니다. 그래서 오히려 젊은 층에게 친근감과 보호본능을 불러일으키기도 하죠.

생각, 디자인, 기술, 설계, 포트 등 특장점이 무척 많습니다. 한 줄 안에 저 많은 특장점을 다 담을 순 없죠. 여기선 인터넷이라는 매체 특성에 맞게 화면을 스크롤하면서 여러 특장점을 연이어 볼 수 있게 했습니다. 가로 세로 비율이 어느 정도 일정한 신문, 잡지 등 전통 매체의 한계를 벗어난 거죠. 서로 다른 특장점들을 한 줄 한 줄에 나누어 제시한 후 이어 붙이는 방법을 쓴 겁니다.

분명 키보드인데…
X-터치 키보드에는 특별함이 있습니다.

X같은 생각 X같은 디자인
유선형 디자인과 X터치 기술은
당신을 최고의 작업환경으로 안내할 것입니다.

X같은 기술
특허받은 X터치 기술은 한 세대 진보한 기술로 지금까지 경험 못한 새로운 키 감과 키 모양을 제공합니다.

X같은 인체공학적 설계
손의 모양을 본뜬 둥근 디자인으로 피로감을 최소화합니다.

X같은 섬세함
버튼 한 번으로 인터넷 세상과 메일을 확인할 수 있습니다.

X같은 새로운 다리
키보드 다리의 혁명! 2단계 높이 조절이 가능합니다.

X같은 심플한 패키지
깔끔하고 심플한 디자인으로 멋을 한층 돋보이게 합니다.

X의 기술 LG상사
LG상사 제품을 인증해주는 오리지널 로고.

X의 연결포트
어느 컴퓨터에나 연결가능한 PS/2 연결 방식입니다.

그렇다고 좋은 점을 죽 나열하기만 하면 산만해집니다. 이를 묶어주는 한 줄이 필요합니다. 맨 위에 X-터치 키보드에는 특별함이 있습니다라는 한 줄이 그 역할을 하네요. 뭐가 특별하다는 것일까요? 그 아

246

래를 보니 X같은 디자인, X같은 기술, X같은 설계 등 구체적인 특장점을 들고 있습니다. 가만 보면 'X같은……'으로 묶어주고 있죠. 수많은 특장점을 일관성 있게 정리해주면서 X라는 브랜드 네임으로 귀결시키기 위한 전략적 선택입니다. 이 한 줄이 왜 화제가 되었는지는 'X같은'의 중의적 의미를 생각해보시면 됩니다. 더 의도적으로 간다면 X키보드에는 X같은 특별함이 있습니다라는 한 줄이 더 효과적이지 않았을까 생각합니다.

결국 제품 혹은 브랜드, 기업이 처한 상황과 이들이 시장에서 차지하는 위치에 따라 한 줄의 의미, 요소, 형태, 배열 등이 달라질 수밖에 없습니다.

타깃은
누구인가?

누구를 대상으로 하느냐에 따라 한 줄도 달라질 수밖에 없습니다. 초보자들이 범하는 실수 중 하나가 타깃을 두루뭉술하게 정하고, 심층 분석을 하지 않는다는 겁니다. 타깃이 누구냐고 물어보면 국민, 시민, 청년, 소비자…… 이런 식으로 이야기합니다. 서울에서 김서방 찾는 꼴입니다.

서울시에서 추진한 역세권 청년주택 정책의 예를 볼까요? 한 줄의 아이디어를 구상할 때는 좀 더 세부적으로 들어가는 게 좋습니다. 사업을 진행하게 되면 입주 대상이 나오죠. 몇 세부터 몇 세까지, 소득 조건은 어떻고, 현재 서울시에 거주해야 하고 등등. 이런 내용을 정리해야 합니다. 앞에서 말한 제품의 '스펙'과 마찬가지입니다.

하지만 거기에서만 그치면 아이디어가 건조해집니다. 어떤 사람이 역세권 청년주택에 들어오고 싶어할까요? 그리고 들어와야 할까요? 단순히 사업의 관점에서 바라본 자격요건이 아니라 그 사람이 어떤 생활을 하고 어떤 생각을 갖고 있을까를 그려보는 겁니다.

역세권 주택이 꼭 필요한 사람. 제 경우 우선 먼 곳으로 통학하거나 출퇴근하는 사람이 떠오릅니다. 먼 곳을 다니려면 집이 역에서 가까워야 지각을 덜하거나 마음이 편하겠죠. 시간을 절약하기도 하고요. 그렇게 절약한 시간에 자기계발이나 다른 일을 할 수 있는 여유가 생기고요.

지방에서 상경하여 서울 소재 대학에 다니는 학생, 형편이 넉넉하지 않아 학교에서도 멀고 지하철역과도 먼 변두리 옥탑방에 월세로 삽니다. 학교 수업을 마치고 편의점 아르바이트를 하면 녹초가 되어 뻗는데 아침은 금방 밝아오고 강의시간이 코앞입니다. 허겁지겁 학교로 달려가지만 또 지각입니다. 교수님과 다른 학생들의 눈치를 보며 쭈뼛쭈뼛 자리로 가서 앉는 학생. 그 학생의 머리 위로 한 줄이 뜬다면 어떤 한 줄이 어울릴까? 이런 식으로 타깃의 프로필과 그 사람의 생활을 머릿속에서 구체적으로 그려볼 때 타깃에 쏙 들어맞는 한 줄이 나올 수 있습니다. 저라면 하루에 아낄 수 있는 시간을 1년 정도로 모아보겠습니다. 하루의 시간은 짧을 수 있지만 모아놓으면 엄청 많아지겠죠? 하루에 15분이라고 치면 주말 빼고, 대략 1년에 3600시간입니다.

이것을 바로 한 줄로 만든다면 역세권 청년주택! 1년에 3600시간을 아껴드립니다 정도가 나오겠네요. 스토리와 드라마를 넣어볼까요? 급하게 학교 가는 것이 아니라 여유가 생긴다면 어떤 일이 일어날지 상상해보세요. 저는 이런 한 줄이 떠오르네요. 역세권에 새 집이 생겼다, 머리에 새집 없는 여유만만 등굣길.

제가 만든 한 줄이 좀 유치(?)하다고 생각된다면 '새집' 수준을 벗어나 3600시간이 주는 좀 더 가치 있는 여유를 표현한 한 줄로 만들어보세요. 실제로 대학생이 타깃이라고 생각하고 말입니다.

✎ ~~~~~~

~~~~~~

이번엔 신혼부부를 타깃으로 하여 한 줄을 만들어보세요. 좀 더 재미있는 한 줄이 나오겠죠?

✎ ~~~~~~

~~~~~~

서울시에서 추진했던 청년수당의 경우 홍보의 타깃이 극단적으로 양분됩니다. 한 타깃은 지급범위 안에 드는 청년층이고, 또 다른 타깃은 청년수당 제도를 반대하는 어르신 층입니다. '힘 있는 젊은 놈들을 왜 돈 쥐가며 돕느냐', '포퓰리즘이다' 같은 생각을 가진 분들을 설득해야 하는 어려운 과제죠. 당연히 한 줄도 달라집니다. 청년층에게는 주로 청년수당을 통해 얻을 수 있는 이점에 초점이 맞춰집니다. 서울시가 청년에게 내 꿈을 꿀 시간을 드립니다 같은 한 줄입니다.

반대하는 어르신 층에게는 청년들을 도와야 하는 논리적 이유나 한 가족으로 생각하고 품어달라는 등의 감정적 호소에 초점이 맞춰집니다. 예를 들면 청년이 살아야 대한민국이 삽니다, 청년은 우리 가족의 미래입니다, 서울시 청년수당_ 미래를 위한 투자입니다 같은 한 줄입니다.

다시 노트북으로 돌아가 봅니다. 앞에서 언급한 하루 종일 쓸 수 있어야 진짜 노트북은 제품의 장점에 초점을 맞춘 한 줄입니다. 배터리 사용 시간을 통해 제품의 기술력을 강조하고 타사 노트북까지 은근히 디스하네요. 노트북을 포함한 전자제품은 물론 통신사 LTE 광고에서도 우리가 먼저 만들었다, 우리가 더 빠르다 등 기술력으로 경쟁사를 제압하려는 양상이 눈에 많이 띄죠. 똑같이 배터리 사용 시간을 강조하더라도 타깃에 가까운 한 줄로 가면 이런 한 줄들이 나올 수 있겠죠.

예정 시간을 훌쩍 넘긴 첫 프레젠테이션 - ○○노트북 아니었으면 내 멘탈도 툭 꺼졌을 것이다.
전기가 하루 종일 끊긴 캠핑장 - ○○노트북 덕에 영화 6편 다 봤다.

타깃이 노트북 배터리의 중요성을 절실히 느끼게 되는 상황을 떠올리며 또 다른 한 줄을 만들어보세요.

만약 무게가 무척 가볍고 얇은 노트북이라면 어떤 한 줄이 나올 수 있을까요?

✎ ~~~~~~

~~~~~~

타깃의 이해도에 따라서도 달라집니다. 예를 들어 여러분이 팝아트 예술가와 콜라보를 추진하는 기획안을 만들어, 이를 내부 보고한다면 어떤 한 줄이 필요할까요? 예술 관련 단체라거나 이를 지원하는 기업이라면 몰라도, 일반 기업이나 공공기관은 이야기가 달라집니다. 팝아트라는 말은 다들 들어봤을 거고 대략 어떤 경향의 장르인지 떠오르는 분도 많을 겁니다. 하지만 팝아트가 뭔지 정확하게 대답할 수 있는 사람이 많지 않다는 점을 간과해선 안 됩니다. 그렇다면 '팝아트란?'으로 시작하는 간단한 정의 한 줄을 어딘가에 추가하면 됩니다. '언제 어디서 시작되어 어떤 특징을 지니고 있으며 대표적인 예술가로는 누가 있다'는 정도면 됩니다. 늘어지게 쓸수록 손해입니다.

수십 년 동안 자동차 길로 쓰이다가 보행자 길로 바뀐 서울역 고가 서울로7017이 2017년 5월에 선보였습니다. 사업을 오랫동안 준비해온 서울시 내부 직원에게는 서울로7017이 무엇인지에 대한 한 줄이 필요 없습니다. 단 대외적인 문서나 홍보에는 필요한 경우가 많습니다. 대부분의 시민들이 서울로7017에 대해 모를 수 있음을 가정해야 합니다. 서울로7017을 대표하는 한 줄은 찻길에서 사람 길로! 서울역 고가의 새로운 탄생입니다. 물론 이것만으로도 어느 정도 설명은 되지만 여전히 부족하죠. 사업의 개요는 물론 왜 7017이라는 숫자가 붙는지에 대한 설명이 어딘가에 한 줄로 제시되어야 합니다. 실제로 이런 한 줄이 각 홍보물 아래쪽에 조그맣게 붙었습니다.

서울로7017은? 1970년 자동차 길로 시작되어 2017년 사람 길로 재탄생한 서울역 고가의 새 이름입니다.

온라인인가?
오프라인인가?

　예전에는 오프라인에서 정해진 한 줄의 키워드로 오프라인 매체를 도배하고, 온라인에선 배너광고 수준의 소극적인 방법으로 오프라인 홍보를 돕는 양상이 많았습니다. 최근 온라인 플랫폼이 급속하게 발전하고, 사용자 수가 크게 늘어남에 따라 역전 현상이 발생하기도 합니다. 온라인에서 정해진 한 줄 또는 아이디어를 오프라인이 보조수단으로 돕는 경우도 많아졌습니다.

　서울시는 오프라인 매체가 더 많고, 제가 속한 팀이 오프라인 주력이다 보니 아직까지는 오프라인에서 정해진 한 줄로 온라인 부서에서 연계하는 경우가 많습니다. 물론 각각 독자적으로 진행하기도 합니다.

　제가 쓴 한 줄을 바탕으로 서울시에서 진행한 '잘 생겼다 캠페인'이 있습니다. 잘 생겼다는 대표하는 한 줄이고, 이를 보조하는 한 줄은 서울에 생기는 20개의 시민 공간입니다. 서울시가 시민을 위해 개장했거나 개장 예정인 20개의 공간이 잘 생겨났다는 중의를 담았습니다.

오프라인에서는 잘 생겼다로 풀어가게 되었으나, 온라인 부서에서 업무를 진행하다 곤란한 상황을 발견했네요. 온라인의 특성상 검색에 걸리는 게 참 중요한데, 잘 생겼다를 검색어나 해시태그로 올릴 경우 잘생긴 연예인들이 먼저 뜬다는 겁니다. 그래서 오프라인에서는 '잘 생겼다 캠페인'으로 통칭하지만, 온라인에서는 잘 생겼다! 서울20이 최종 캠페인 명칭이 되었습니다. 잘 생겼다에 서울이라는 주체가 붙고 20개라는 장소의 숫자까지 붙으면서 좀 더 구체적으로 바뀐 겁니다. 그리고 #잘생긴서울, #잘생겼다서울20, #서울잘생긴여행지 같은 다양한 형태의 해시태그들을 선보입니다. 다만 시민의 입장에 맞춘다면 잘 생겼다를 풀어주는 것만으론 부족하죠. 그래서 #서울데이트코스, #서울가볼만한곳, #서울여행지 같은 해시태그도 추가되었습니다.

그럼 오프라인에서도 대표하는 한 줄을 잘 생겼다!로 끝낼 게 아니라 온라인에서처럼 잘 생겼다! 서울20이나 잘 생긴 서울로 가면 일관성도 있고 더 좋지 않느냐는 의문이 생길 수 있습니다. 앞에서 수많은 사례에서 살펴보았듯 오프라인은 첫 줄에서 시선을 끌지 못하면 그다음 줄은 아예 읽히지 않습니다. 잘 생겼다로 끝나지 않고 '서울'을 붙인다면 시민들은 '관공서' 홍보라는 걸 단번에 알아챕니다. 그러면 아예 안 봅니다. '잘 생겼다'만 크게 붙는다면 뭐가 잘 생겼다는 거야? 하는 궁금증이 생기기 때문에 그다음 답이 비록 관공서에서 제공하는 것이더라도 좀 더 관대하게 수용할 수 있다는 거죠.

한 줄의 톤도 오프라인과 온라인이 달라지는 경우가 많습니다. 오프라인 매체는 보는 세대가 다양한 만큼 다소 점잖은 한 줄을 지향하지만 온라인 매체는 젊은 층이 주로 활동하기 때문에 발랄하고 통통 튀는 스타일의 한 줄을 지향합니다. 잘 생겼다 캠페인의 경우도 오프라인에서는 시민 공간 같은 다소 정적이고 점잖은 표현을 썼다면 온라인에서는 서울 뉴플레이스, 핫한 서울 명소, 서울 신상 공간, 요즘 뜨는 서울 명소 등으로 다르게 썼습니다. 다만 이는 공공의 대체적인 경향일 뿐 반드시 어디에나 적용되는 건 아닙니다.

한 줄을 만드는
15가지 원칙

① 구체적으로
② 정확하게
③ 결론 먼저
④ 쉽게
⑤ 절제하며
⑥ 정곡을
⑦ 생활언어로
⑧ 긍정적으로
⑨ 우회해서
⑩ 연계하고 확장해서
⑪ 중복하지 않기
⑫ 당연한 얘기 하지 않기
⑬ 이유 제시하기
⑭ 가끔은 눈과 귀에 거슬리게
⑮ 내 얘기처럼

뜬구름 잡지 말고
뭔가 잡히게 하라

초보자의 한 줄을 지적할 때 "뜬구름 잡는 소리 하지 마라" 또는 "이 건 새 날아가는 소리야" 같은 표현을 씁니다. 저 역시 초보 시절에 많이 들었습니다. 새 날아가는 소리보다 뜬구름 잡는 소리가 더 악평입니다. 새 날아가는 소리는 소리라도 나서 주목을 끌 수 있지만 뜬구름은 잡 을 때 소리조차 안 나니, 완전히 헛짚었다는 지적이니까요.

뜬구름 잡는 한 줄로는 어떤 게 있을까요? 서울시의 장기전세주택 시 프트를 예로 들어 살펴보겠습니다. 만약 "삶이 풍요로워지는 시프트", "행복을 만드는 시프트", "꿈과 희망의 시프트"…… 이런 것들을 쓴다면 다 뜬구름 잡는 한 줄에 해당합니다. 주변 전세시세의 80%로 내 집 마 련!이라면 콕 짚어주는 한 줄이지요. 여러분이 막상 집을 구하는 시민의 입장이라면 뭐가 더 와닿겠습니까? 인터넷 검색을 하다 "삶이 풍요로워 지는 시프트"라는 한 줄이 붙은 배너를 봤다면 그냥 지나칠 확률이 높 습니다. 남 얘기 같기도 하고 어느 주택에나 다 해당하는 얘기 같기도 하고 뭘 전하려는 건지 알 수도 없습니다. 주택이 다 풍요롭다고 하지 살수록 가난해진다고 하는 주택이 있을까요? 뻔하고 공허한 소리라는 겁니다. 어디에 갖다 붙여도 들어맞기도 하고요.

주변 전세시세의 80%로 내 집 마련!이란 한 줄이 붙은 배너를 봤다면? '아하! 이 동네 전세시세가 얼마 정도 하니 입주하려면 얼마 정도면 되겠네?' 하고 머릿속에 계산이 된다는 거죠. 시프트만의 특장점이기도 하고요. 어설픈 미사여구를 구사하지 말고 타깃의 마음을 움직일 수 있는 구체적인 한 줄로 짚어주는 것이 중요합니다.

다른 예를 살펴볼까요. "가입이 쉬운 암보험"보다 병이 있어도, 약을 먹어도, 수술했어도 가입되는 암보험이 더 와닿습니다. 이 조건에 해당하는 타깃이라면 '내 얘기구나' 하는 생각이 드는 거죠. "입안이 텁텁할 땐, 은단!"보다 담배가 생각날 땐, 은단!이 금연 중인 사람들을 타깃으로 한정한다면 더 와닿습니다. 물론 타깃을 더 광범위하게 잡는다면 "입안이 텁텁할 땐, 은단"이 좋을 수도 있죠. 하지만 입안이 텁텁할 땐 은단 말고도 많은 대체상품이 있습니다. 담배의 대체상품으로 은단이 거론된다면 전략적으로 "담배가 생각날 땐"이 더 좋습니다. "결핵이 의심되면 서울시 서북병원"은 어떨까요? 이보다는 내가 결핵인지 아닌지 손에 잡히는 기준을 제시해주는 게 좋겠죠. 2주 이상 기침하면 결핵검사 받아보세요 - 서울시 서북병원으로 고치면 좋습니다.

꼭 마케팅이나 홍보의 한 줄이 아니라도 우리의 일상을 비유해보면 왜 뭔가 잡히게 해야 하는지 좀 더 쉽게 이해할 수 있습니다.

그 집, 잘 살아 → 차가 렉서스야 회사는 취미로 다닌대

키 큰 사람 → 키 187cm인 사람

내 집의 꿈을 갖고 살자 → 5년 안에 ○○동 ○○평 빌라 마련의 꿈

매일 걷자 → 매일 점심 먹고 서울광장 한 바퀴

조금씩 책 읽는 습관 → 매일 아침 10분씩 책 읽기

다른 뜻으로
오인하지 않게 하라

　남부터미널 안을 걸어가다 "희망을 찍는 카메라"라는 한 줄을 봤습니다. 처음엔 어르신을 위한 영정사진 서비스나 어려운 이웃을 돕는 사진사 이야기인 줄 알았습니다. 아래 작게 쓰인 설명을 보니 전혀 아니었습니다. 원폭 피해자로 등록된 할머니 할아버지를 찾는다는 내용과 함께 대한적십자사가 희망의 카메라가 되겠다는 이야기였습니다. 대한적십자사의 의도와 전혀 다른 뜻으로 오해한 거죠. 물론 저처럼 끝까지 관심 있게 읽는다면 큰 문제가 안 됩니다. 대부분의 일반인은 아예 안 보거나 별 생각 없이 본다는 게 문제입니다. 저는 이쪽이 전공이기 때문에 읽은 것뿐이고요. 별 생각 없이 보기라도 한다면 다행입니다. "희망을 찍는 카메라" 하나만 읽어주면 정말 다행입니다. 그래서 "대한적십자사 = 희망의 카메라"로 연결되면 성공한 셈이죠. 근데 적십자사와 카메라는 맥락이 전혀 연결되지 않습니다. 원폭 피해자를 찾는다면 원폭 피해자를 찾는다는 언급이 "희망을 찍는 카메라"가 위치한 큰 자리에 대신 들어가야 합니다. 그래야 원폭 피해자 당사자이거나 가족, 친지, 이웃이 보고 신고해줄 것 아니겠습니까. "희망을 찍는 카메라"라는 지극히 '사진'스러운 한 줄에 진짜 타깃을 놓쳐버린 꼴입니다.

네이밍의 예를 살펴볼까요? 네이밍은 문장보다는 하나의 단어로 짧게 표현되는 경우가 많아 오인의 소지도 많아집니다. 예전에 서울시의 밝고 깨끗하게 변화된 학교 화장실을 표현한 이름으로 민간에서 제시된 것들 중에 '특급발전소', '에너지충전소'가 있었습니다. 화장실이 단순히 볼일을 해결하는 곳이 아니라, 휴식과 재충전을 하는 공간임을 표현하려는 의도는 좋았습니다. 하지만 이름까지 바꾸기엔 무리수입니다. 화장실을 가장 잘 표현하는 이름은 역시 화장실입니다. 이름에 반드시 '화장실'이 들어가야죠. 고정된 인식의 틀을 깨는 일은 엄청난 시간과 홍보비를 들여도 될까 말까 한 일입니다. 만약 "서울시 ○○초등학교 에너지발전소." 이렇게 이름이 정해지면 무척 혼란스러워질 겁니다. 휴게실인지 양호실인지 수면실인지 과학실험을 위한 미니발전소인지 알 길이 없죠. 학생들은 여전히 화장실이라 부를 거고요.

그럼에도 불구하고 위와 같은 아이디어를 반영해야 하는 경우도 생깁니다. 아이디어를 제시한 측의 면이나 지위(?)를 생각하면 그래야 할 때가 가끔 생기죠. 이런 경우 이름이 아니라 이름을 수식하는 슬로건, 혹은 홍보문구 중 하나로 반영하면 됩니다. 예를 들면 이런 겁니다.

1318을 위한 에너지충전소! 깨끗한 학교 화장실 ○○○.

화장실이야? 휴게실이야? 깨끗한 학교 화장실 ○○○.

노숙인을 대체하는 이름을 공모하여 그들에 대한 부정적인 이미지를 바꿔보겠다는 것도 결국 마찬가지입니다. 노숙인의 '노'는 '길 로(路)'가 아니라 '이슬 로(露)'입니다. 말 그대로 노숙인은 '이슬을 맞으며 자는 사람'을 의미합니다. 이름이 아니라 일반시민에게 비춰지는 이미지에 부정적인 인식이 있는 것입니다. 이름을 바꾼다고 해결될 문제가 아닙니다. 비용은 비용대로 들고 혼란만 초래하여 실제 시민의 입에는 오르내리지도 않을 가능성이 높습니다.

　　서울시가 '잡상인'이란 이름을 이동상인으로 바꾼 것은 매우 유의미합니다. 잡상인의 '잡(雜)'에 이미 비하의 느낌이 들어 있기 때문입니다. 이를 이동상인으로 바꾸면 이동하면서 물건을 파는 상인이라는 정확한 속성도 콕 짚어줄 수 있고 비하의 느낌도 거둬낼 수 있죠.

　　몇 년 전 식당에서 일하는 아주머니에 대한 호칭 공모전도 기억에 남습니다. '차림사'라는 이름이 결정되었는데요. 물론 저는 그 이후 한 번도 식당에서 '차림사'란 이름을 들어본 적도 그렇게 불러본 적도 없습니다. '아줌마'가 비하의 의미를 담고 있다면 '아주머니'나 '이모'로 부르면 됩니다. 물론 이 또한 문제가 없는 건 아니지만 적어도 우리 입에 잘 붙어야 확산될 수 있다는 점을 잊지 말아야겠습니다. '차림사'는 듣는 사람의 입장에서도 무척 당황스러울 거고요. 수시로 바뀌는 식당 종사자들에게 차림사로 이름이 바뀌었으니 당황하지 마시라 교육할 수도 없습니다. 물론 '차림사'는 '이동상인'과 마찬가지로 비하의 의미도 걷어내면서 정확한 속성을 짚어주고 있긴 합니다. 하지만 이동상인은 호칭으로는 잘 쓰이지 않습니다. "이동상인님, 물건 좀 보여주세요" 하진 않죠.
하지만 식당에서 종사하는 분들은 호칭입니다. 입에 잘 붙어야 합니다.
취지나 의미가 아무리 좋아도 입에 잘 붙어야 널리 쓰일 수 있기 때문입
니다.

결론을
너무 늦게 내지 마라

고객님, 많이 불편하시죠?
조금만 참아주세요. 지하철이 달라지고 있습니다.

공사명 : △△구역 도시환경정비사업−△△역 개선공사
공사기간 : 2018. 3 ～ 2018. 9(예정)
공사내용 : 엘리베이터 및 에스컬레이터 신설공사
시행사 : △△△건설
시공사 : △△건설

   어느 지하철역 출구 공사의 안내문 내용입니다. 전하고자 하는 메시지는 '몇 번 출구가 공사 중이니 다른 출구로 우회해달라'는 건데 그 내용은 지도에 작게 표시되어 있더군요. 서론이 길다 보니 전하고자 하는 결론을 너무 뒤로 미룬 거죠. 그뿐인가요? 앞에서 언급한 '다른 뜻으로 오인하는 한 줄', '뜬구름 잡는 한 줄'에도 해당합니다. 지하철이 달라지고 있다는 게 지하철이 새로 생긴다는 건지, 지하철 역사가 달라진다는 건지, 전동차가 달라진다는 건지 알 수 없습니다. 사실 지하철이 달라지고 있음을 알리는 게 중요한 게 아니라, 시민의 편익을 위해 출구 공사 중이니 양해해달라는 내용이 제대로 전해져야 합니다. 이런 긴급한 안내문은 호기심을 끌려고 억지스러운 아이디어를 반영할 필요도 없고 "불편하시죠? 참아주세요" 같은 말을 할 겨를도 없습니다. 결론을 맨 앞에 제시하는 것이 중요합니다.

2번 출구 공사 중! 3번 출구로 돌아가세요! 불편을 드려 죄송합니다. 이거면 됩니다.

정직하게 가야 할 필요가 있는 한 줄에는 일체의 조미료를 거둬내야 합니다. 무인도에 표류하여 지나가는 비행기에 SOS를 보내야 하는 상황이라면 모래 위에 뭘 쓰겠습니까? "저 찾느라 고생하셨죠? 조금만 참아주세요. 달라진 모습으로 구조받겠습니다."라고 쓸 수는 없겠지요?

어렵게 쓰지 말고
알아듣게 써라

예전에 아는 어르신에게 전화로 길을 설명해드린 적이 있습니다. 그 어르신이 계신 근처의 이마트를 기준으로 설명해드렸는데 결국 이마트도 못 찾고 목적지도 못 찾아가셨습니다. 나중에 알아보니 이마트 건물 벽면에 E-MART는 붙어 있지만 한글 병기가 안 되어 있었습니다. 글로벌도 좋고 디자인도 좋지만 이마트가 고급 패션 브랜드가 아닌 이상 누구나 쉽게 알아볼 수 있게 한글 병기는 작게라도 했어야 합니다. 최우선 순위는 전하고자 하는 바를 타깃이 알아듣게 하는 것이고, 그러려면 타깃의 이해 정도를, 타깃의 입장에서 파악해야 합니다. '내가 아니까 남도 알겠지' 하는 생각이 한 줄을 망칩니다.

브랜드가 어려울수록, 제품이 어려울수록, 정책이 어려울수록, 이를 쉽게 풀어주는 한 줄이 필요합니다. 그런데 대부분 그렇게 하지 못하죠. 스킬이 부족한 탓도 있지만 자신의 입장에서만 생각하는 것도 주의해야 합니다.

요즘 뜨고 있는 '새활용'을 사람들이 알아듣게 풀어 쓰려면 어떻게 해야 할까요? 실무부서에서는 보통 이렇게 씁니다. "새활용이란 버려지는 자원에 디자인을 더하거나, 활용 방법을 바꿔 새로운 가치를 만들어내는 업사이클의 우리말입니다." 이걸로는 여전히 어렵고 뭔가 부족합니다. 새활용된 구체적인 예를 들어주지 않았기 때문입니다.

전 이렇게 풀었습니다. 새활용은 헌옷, 폐가죽, 폐목재 같은 각종 폐자원에 디자인을 더하거나 활용 방법을 바꿔 새로운 가치를 만들어내는 것을 말합니다. 새활용의 대표적인 사례인 현수막으로 만든 가방을 함께 보여주면 훨씬 이해하기 쉽겠죠. 그래도 여전히 이해가 안 되는 분들이 있습니다. '재활용'이 훨씬 더 익숙하기 때문입니다. 실제로 서울시가 개관한 '새활용플라자'를 어느 방송사 뉴스에서 '재활용플라자'라는 내레이션과 함께 자막까지 내보냈으니까요. 아마도 서울시 자료를 보고 '재활용'의 오타라고 생각해 알아서 수정했을 가능성이 큽니다.

사람들이 재활용에 익숙하다면 재활용과 비교해서 풀어주어야 오해가 생기지 않습니다. 이렇게 말이죠. 재활용과 새활용, 어떻게 다를까? 재활용은 분리수거된 플라스틱, 종이 등을 녹이거나 부수는 등 가공을 통해 다시 원재료로 쓰는 것이며, 새활용은 원래의 형태나 특성을 최대한 유지하면서 디자인 등을 더해 새로운 가치의 물건으로 재탄생하는 것입니다.(재활용 예 : 페트병 → 플라스틱 원료 / 새활용 예 : 폐목재 → 액세서리, 폐현수막 → 가방)

서울시 정책 중에 MICE라는 정책이 있습니다. MICE라는 단어를 검색해보면 "기업회의(Meeting), 포상관광(Incentive trip), 컨벤션(Convention), 전시박람회와 이벤트(Exhibition & Event) 등의 영문 앞 글자를 딴 단어"라고 설명되어 있네요. MICE의 이니셜을 하나하나 푸는 것도 짧은 한 줄에 담기엔 부담스럽습니다. MICE를 쉽게 이야기하면 서울에 국제회의, 행사, 이벤트 등을 많이 유치하여 관광자원도 활성화하고 도시경쟁력도 높이고자 하는 정책입니다.

만약 MICE 정책 대학생 경진대회를 연다면 어떨까요? 더 어렵죠. 담당자는 고민합니다. '기업회의, 포상관광, 박람회 이런 걸 어떻게 다 설명하지?' 이럴 땐 다 담으려 하지 말고 대표적인 팩트 하나만 담으면 됩니다. '기업회의'라 하면 국내회의인지 국제회의인지 구분이 안 가니 '국제회의' 정도로 표현하면 괜찮겠네요. 제가 만든 한 줄은 내가 서울에서 국제회의를 유치한다면?입니다. 당연히 아래쪽엔 서울시 MICE 대학생 경진대회가 들어가고요. 물론 MICE에 대한 정확한 설명을 어딘가에 작은 글씨로 넣어야겠죠.

감정을
절제하라

"도박을 끊지 못하면 가족은 피눈물 납니다." 화투를 쥔 손에서 피가 줄줄 흐르는 그림과 함께 있던 한 줄입니다. 도박을 근절하자는 취지는 좋은데, 오히려 거부감이 듭니다. 너무 부정적이니까요. "도박을 끊으면 가족과 이어집니다" 정도의 긍정적인 한 줄이 좋습니다. 물론 충격적이고 엽기적인 콘텐츠에 더 끌리지 않느냐고 반문할 수 있습니다. 피눈물은 흥미와 거리가 멉니다. 단순히 감정에 치우친 호소에 불과합니다. 도박을 하지 말라는 말은 타깃 입장에서는 듣기 싫은 잔소리가 될 수도 있고요. "공부 안 하면 나중에 피눈물 난다" 이런 소리 듣고 공부하고 싶은 마음이 마구 샘솟는 학생이 있을까요?

단두대 사진과 함께 "국민과 건강을 단두대에?", 부숴진 자동차가 포개진 사진과 함께 "국민의 생명은 실험대상이 될 수 없습니다.", 날카로운 낚싯바늘 사진과 함께 "무면허 의료인에게 낚이시겠습니까?" 같은 대한의사협회의 한 줄도 다분히 감정적입니다. 상대방에 대한 감정의

골이 한 줄로 드러나고 그것이 네거티브한 표현으로 이어지면 이를 보는 사람들은 고개를 돌립니다. 이런 감정적인 표현은 내부 구성원들을 위한 전단지 정도에 맞습니다.

누군가에게 경고를 줄 땐, 고래고래 소리치기보다 차갑고 나직한 방식이 더 설득력이 좋습니다. 한 줄에 지나친 감정을 담는 것은 자제해야 합니다.

정곡을
찔러라

　한의사는 침을 놓는 위치를 정확하게 알아야 합니다. 조금이라도 빗나가면 안 됩니다. 한 줄도 마찬가지입니다. 적재적소에 정확하게 표현되어야 합니다. "회사 때려치우고 커피숍 차렸다." 어느 커피숍 매장에 붙어 있던 한 줄입니다. 틀린 말은 아니지만 정곡에서 비켜나 있습니다. 회사 때려치우고 커피숍 차리는 일은 직장인이라면 누구나 한 번쯤 꿈꿔볼 만한 로망일 뿐입니다. '나랑 같은 생각을 하고 있네?' 하면서 커피를 마시러 오진 않죠. 그 가게에 들르는 직장인들은 '커피 맛'을 보고 옵니다. 커피가 좋아 회사 때려치웠다로 바꾼다면 훨씬 더 효과적이지 않을까요?

　"달나라라고 수출하지 말라는 법 어딨어?" 한국무역보험공사가 주최한 대학생 광고공모전 수상작의 한 줄입니다. 세계 무역환경의 변화에 잘 대응한다는 의미로 관점을 달나라까지 확산한 점에서 공모전에 잘 맞는 작품입니다. 하지만 실전에서 지속적으로 쓸 수 있는 이야기인지,

그리고 한국무역보험공사가 해야 할 이야기인지는 미지수입니다. 이 한 줄을 본 사람들에게 전달해야 할 것이 달나라와도 무역을 할 수 있다는 자신감일까요? 전략적으로는 한국무역보험공사의 업무나 이름을 정확하게 알리는 게 더 중요할 수 있습니다. 우리나라에는 많은 공사들이 있는데 거기에서 내놓는 한 줄이 거의 비슷합니다. 다들 좋은 일을 한다고 하는데 무슨 일을 하는지는 잘 모르겠습니다. 이름조차 남지 않습니다. 정곡에서 비켜나 있습니다. 단순 아이디어가 아닌 실전일수록 모든 정황을 파악하고 정곡을 제대로 찌르는 한 줄을 만드는 게 중요합니다.

생활언어를
활용하라

"고객의 모든 돈은 소중합니다"보다 그 돈이 어떤 돈인데요(신한은행)
가 더 셉니다. "아이들의 미래, 아이들이 원하는 대로"보다 넌 커서 뭐가
될래?(경기도교육청)가 더 셉니다. 무슨 차이일까요? 앞쪽은 공급자의 입
장에서 쓴 관념적 언어의 조합이고, 뒤쪽은 사람들이 일상에서 주로 쓰
는 생활언어의 조합이라는 점입니다.

이건 일도 아니에요. 어느 TV 홈쇼핑에서 주부들도 쉽게 쓸 수 있는
공구를 선보이며 썼던 한 줄입니다. 홈쇼핑은 글보다 말로 사람을 설
득하는 매체로 생활언어의 거대한 창고와도 같습니다. 홈쇼핑을 구매
자의 입장으로만 보지 말고, 그들이 무슨 말을 하기에 사람들이 전화를
거는지를 잘 관찰해보세요. 어마어마한 소스와 아이디어를 얻을 수 있
습니다.

다음(Daum)의 쇼핑트렌드 같은 쇼핑 안내 문구도 눈여겨보세요. 언제

까지 유지될지는 모르겠지만 다음 쇼핑트렌드의 경우 가로 형태의 일반적인 배너와 달리 여러 사이트의 상품을 한눈에 볼 수 있게 모아놓는 특성 때문에 텍스트의 양이 매우 적고 제한적입니다. 그만큼 압축적이면서도 생활언어가 잘 반영된 한 줄이 많습니다(대부분 경어체가 아닌 이유이기도 합니다).

요즘 날씨에 딱. 코스트코 가면 열 박스씩 사와. 싸도 너무 싸다. 우리 애들이 너무 좋아해. 세상 따뜻해~ 내 딸 겨울옷. 언니~ 여기야! 겨울신상점퍼. 우리 집에 했더니 다들 따라 한대. 비싸서 못 샀지? 2+1이야. 보는 사람마다 눈을 못 떼겠대 등등. 일상생활에서 쉽게 들을 수 있는 살가운 한 줄들입니다.

안 잡아 먹어요. 견적만 스쳐도 인연. 용산전자상가의 어느 매장 앞에 붙어 있던 한 줄입니다. "안 잡아 먹어요"는 '친절한 상담'의 생활언어입니다. 대기업에서 쓸 수는 없지만 전자상가의 매장 정도라면 충분히 쓸 수 있습니다. 견적만 스쳐도 인연은 생활언어라기보다 속담의 패러디입니다. 한 줄에 대해 따로 공부하지 않은 분들이겠지만 현장에서 체득한 경험과 유머감각을 한 줄에 반영하는 경지가 놀랍습니다.

마케팅이나 홍보라는 선입견을 허물어주면서 '내 얘기를 누군가 해주고 있네?', '왠지 부담 없이 들리네?', '어? 우리 얘기네? 어렵지 않고 쏙 들어와!' 하는 느낌을 주는 것이 생활언어의 장점입니다.

긍정적으로
써라

'감정을 절제하라'에서 다뤘던 내용과 일맥상통합니다. 사람들은 부정적인 것을 회피하려는 경향이 강합니다. "당신이 암과 싸우는 동안 당신의 가족은 암 치료비와 싸워야 합니다"라는 암보험 광고의 한 줄은 상당히 임팩트 있고 수준 또한 높았지만 광고가 나가는 날, 실제 고객센터에 걸려오는 전화는 많지 않았다고 합니다. 암 자체도 부정적인데 거기에 암 치료비와 싸운다는 더욱 부정적인 접근 때문이었습니다. 그러면 소비자들에게 외면받을 수밖에 없습니다. 그냥 우울한 겁니다. 잘 보면 암보험 광고는 일정한 톤이 있습니다. 부정적인 문구는 거의 없습니다. 그렇게 하면 고객이 무의식중에 회피한다는 걸 잘 알기 때문이죠. 이 트렌드도 나중에 어떻게 바뀔지는 알 수 없지만요.

물론 예외는 있습니다. 레진코믹스를 대표하는 한 줄은 우린 재미없는 건 안 해입니다. 긍정적으로 바꾸면 "우린 재미있는 것만 해"인데, 이 말은 왠지 맛이 안 납니다. 긍정의 장점이 보이지 않습니다. 만화는 원래 재미를 추구합니다. 그 자체로 이미 긍정적인 요소로 꽉 차 있습니다. 이런 데선 살짝 부정의 요소를 넣어도 됩니다. 우린 재미없는 건 안 해!에 부정적인 표현이 들어가긴 했지만 사람들에게 다가서는 건 재미있는 것만 만들겠다는 '고집'입니다. 다른 경쟁사를 은근히 깎아내리기도 하는 거고요.

캐논의 바이럴 영상에서는 자연을 찍다가 야생곰과 맞닥뜨린 축구선수 안정환이 영정사진으로까지 등장합니다. 이것만 보면 부정적인 느낌이 강하죠. 하지만 매우 유머러스한 표현으로 부정적 이미지를 거둬냅니다. #캐논이_1년에_한_명씩_보낸다 #ㅅㅂ 같은 한 줄을 통해 말이죠. 텍스트나 상황 자체만 놓고 긍정적이냐 부정적이냐를 따지지 말고 그것이 부정적으로 느껴지는지, 긍정적으로 느껴지는지를 판단해야 합니다.

돌직구가 불리할 땐
돌려 써라

매일 아침 눈을 떴을 때 네가 옆에 있었으면 좋겠어! 무슨 의미입니까? '결혼해줘'입니다. '매일'을 '내일'로 바꾸면? 글자 하나 차이인데 뜻이 확 바뀝니다. "너랑 자고 싶어"로. 국수는 언제 먹여줄 거야?는 뭘까요? "결혼 언제 해?"입니다. 너 가봐야 되지 않니?는 뭘까요? "나 지금 가봐야 돼"입니다. 드라마나 일상에서 흔히 볼 수 있는 대화입니다.

직접 전하기 곤란할 때, 돌려서 혹은 받아들이는 사람의 입장에 맞춘 한 줄입니다. 숨겨진 한 줄은 숨겨진 속뜻입니다. '한 줄'에 좀 더 가까운 예를 들어볼까요? 예전에 가수 김창완 씨가 대형마트에서 시식을 하는 CF가 있었습니다. 그때 시식을 좀 과하게 한 것 같습니다. 보다 못한 판매 직원이 점잖게 이야기합니다. 저녁은 댁에서 드시죠 이 한 줄이 CF의 백미였고 유행어로도 퍼졌습니다.

직설적으로 말하기 곤란한 메시지는 돌려서 해야 합니다. 그것이 결혼의 예처럼 달달하게 포장할 수도, 마트 CF처럼 분노(?)를 유머로 승화할 수도, 때론 감동을 줄 수도 있습니다. 표현 방법은 다양합니다.

남자한테 참 좋은데, 어떻게 표현할 방법이 없네. 많이 회자되었던 한 줄이죠. 천호식품의 산수유 CF였는데 회장이 직접 문안을 쓰고 출연했다고 합니다. 숨겨진 메시지는 남자의 정력에 좋다는 거겠죠. 광고심의와 식품위생법 때문에 저렇게 돌려서 이야기했는데 오히려 직설적인 메시지보다 더 강력해졌습니다. 돌려서 이야기할 때 주의할 점은 지나치게 돌려 핵심에서 멀어지면 안 된다는 것입니다. 돌려서 말한 한 줄만으로 '아하! 이런 뜻이구나!' 하고 바로 알아들어야 합니다.

드러나는 한 줄을 잘 쓰는 것도 중요하지만, 다른 사람이 쓴 한 줄을 보고 숨겨진 한 줄이 무엇인지를 빠르게, 정확하게 발견해내는 것도 중요합니다. 숨겨진 한 줄이 무엇인지 알아채면 드러난 한 줄이 초점에서 벗어나거나 지나치게 돌아갔을 경우 쉽게 조정이 가능해집니다. 남이 만든 것을 조정할 줄 아는 능력과 함께 자신이 만들 때도 초점을 잃지 않게 해줍니다. 숨겨진 한 줄이, 드러난 한 줄을 흔들리지 않게 하는 중심 역할을 하기 때문입니다.

연계하여
확장하라

강동에 내일의 해가 뜹니다. (미래가치) 강동에 변화의 바람이 붑니다. (대단지) 강동에 생활의 꽃이 핍니다. (생활환경) 고덕 래미안 힐스테이트 광고의 한 줄들입니다. 시리즈화된 한 줄이면서 맥락이 있습니다. '강동에 ○○합니다'라는 패턴의 변형이죠. 한 줄도 단발로 쓰거나 지속적으로 쓰는 경우가 있고, 이렇게 조금씩 나누어 변형해서 쓰는 경우도 있습니다. 매체별로 다르게 가거나 시차를 두어 하나씩 강조하는 등의 조건에서 주로 쓰입니다. 여러 가지 포인트를 한 줄 안에 다 담기 곤란할 때 이렇게 나누어 쓰기도 합니다.

이제 이미지로 정보를 찾습니다 - 네이버에 보여주세요는 스마트 렌즈를 통한 네이버 검색을 안내하는 광고에 공통으로 적용되는 한 줄입니다. 각기 다른 버전의 영상으로 표현을 다양하게 하면서 그에 맞는 타깃에게 소구합니다. 강아지를 보여주면서 프렌치 불도그? 보스턴테리어? 고양이를 보여주면서 누구냐 너? 일본 현지의 라면 자판기를 보여주면서 뭐 먹지? 텍스트 검색으로는 쉽게 알 수 없었던 것을 스마트 렌즈 검색을 통해 알 수 있다는 점을 다양한 상황으로 표현한 거죠.

무엇을 공통의 한 줄로 가져가고 무엇을 상황에 맞게 변형해야 하는지를 잘 판단한 후 선정해야 효과적인 한 줄이 나올 수 있습니다.

했던 얘기
또 하지 마라

좋은 이야기도 한두 번인데 별 관심도 없는 이야기를 중언부언하면 사람들은 고개를 돌려버리겠죠? 한 줄 안에 같은 의미나 같은 단어들이 불필요하게 반복되는 것, 대표하는 한 줄에서 이미 언급한 이야기를 보조하는 한 줄에 다시 반복하는 것, 그림에 다 설명되어 있는데 한 줄에서 다시 설명하는 것 등이 바로 그런 예입니다.

다음 그림의 왼쪽은 이미 부서진 벽돌(하도급 부조리) 위에 망치가 보이네요. 이미 부서져 있다면 부순 도구가 망치냐, 해머냐, 손날이냐는 중요하지 않습니다. 그림부터 중복이고 설명이죠. 이 광고를 수정해야 하는 상황에서 망치를 빼달라고 요청했습니다.

"하도급 부조리 참 못됐죠, 부숴버립시다"라는 한 줄은 어떤가요? 앞에서 언급했듯이 지나치게 감정적입니다. 게다가 '부숴버립시다'는 이미 부서진 게 그림으로 설명되어 있기 때문에 역시 중복입니다. 그래서 그

런 감정적인 카피보다 하도급 부조리를 신고해야 하는 하도급 업체의 인사이트를 생각해보았습니다. 억울하고 분노가 치밀지만 '을'이기 때문에 참아야 하는 게 제가 생각한 인사이트였습니다. 마음속으로만 부수는 거죠. 그래서 <u>마음속으로만 부수지 마세요! 건설공사 하도급 부조리는 서울시에 신고하세요!</u>가 나오게 되었습니다.

왼쪽은 자세히 보면 여기저기 부족한 점이 많습니다. 이 홍보의 결론은 '하도급 부조리를 서울시에 신고하라'입니다. 왼쪽의 경우 결론을 표현한 한 줄을 너무 아래에 배치했고, 위에는 감정적인 한 줄로 배치하여 시간을 낭비하고 있습니다. 오른쪽과 같이 수정하면 결론을 빨리 전달할 수 있죠.

미세먼지 줄이면 아이들이 돌아옵니다. 앞에서도 언급한 미세먼지 줄이기 시민참여 캠페인에 쓰인 한 줄입니다. 아이가 놀이터에서 그네를 타는 이미지도 함께 표현되었습니다. 초보자들은 "미세먼지 줄이면 아이들이 놀이터로 돌아옵니다"로 쓰기 쉽습니다. 이미지에 이미 놀이터가 제시되어 있기 때문에 텍스트에서 다시 언급하면 '중복'입니다. 이미지와 텍스트의 자연스러운 융합과 타깃 스스로 이해할 수 있는 힘을 애초부터 잘라버리는 꼴입니다.

중복이 많고 설명으로 풀어낸 한 줄은 분량도 길어지고 축 늘어지게 되므로 특히 주의할 필요가 있습니다. 한 줄의 장점은 짧으면서도 할 말을 매력 있게 다 담는 데 있으니까요.

당연한 얘기
하지 마라

"세상의 모든 가족은 소중합니다." 지하철에서 본 한 줄입니다. 틀린 얘기는 아닙니다. 오히려 당연한 얘기라는 게 문제입니다. 그 밑에 "다문화가족도, 한부모 가족도 모두 우리의 이웃입니다"라고 쓰여 있는 걸 보니 소수가족을 차별하지 말자고 당부하는 거네요. 게다가 매체 집중도가 거의 없는 지하철 전동차 윗부분의 모서리 광고입니다. 대표적인 한 줄만 읽어줘도 감사한 매체입니다. 저렇게만 해놓으면 다행히 누군가 보았다고 하더라도 '가족을 사랑하라는 말이구나', 혹은 '세상에 소중하지 않은 가족이 어디 있어?' 하고 넘어갈 확률이 높습니다. 당연하고 모호한 얘기를 대표적인 한 줄로 내세울 겨를이 없습니다. 좀 더 직접적이더라도 다문화가족, 한부모 가족을 언급하는 게 좋습니다.

"사고가 줄어야 국민이 행복합니다." 한국도로공사 광고에 쓰인 한 줄입니다. 하나 마나 한 얘기입니다. 당연한 얘기를 해놓고 사고를 줄이기 위해 무엇을 해야 하는지는 빠져 있습니다. 예를 들어 졸음쉼터 방문을 권장하거나, 가족과 대화하는 방법을 시리즈로 알려주거나, 도로안전을 위해 한국도로공사가 어떤 일을 하는지 알려주는 게 훨씬 낫지 않을까요?

"선생님, 고맙습니다." 한국청소년활동진흥원의 광고에 쓰인 한 줄입니다. 학생에 따라 당연하지 않게 느낄 수도 있지만 너무 뻔하고 일상화된 얘기입니다. 선생님께 고맙다고만 할 것이 아니라 선생님과 학생이 서로 고마움을 느끼도록 하는 게 중요하며 이를 위해 어떻게 해야 좋을지를 알리는 게 더 낫습니다.

예전 공익광고 대상 수상작이 떠오르네요. 크레파스 3색(검은색, 흰색, 살색)의 이미지와 함께 모두가 살색입니다라는 한 줄이 있었습니다. 우리가 '당연히 알고 있는 살색에 대한 고정관념'을 깨면서 피부색과 인종에 대한 편견을 꼬집어 뒤통수를 치는 맛이 있죠.

이유를
달아줘라

"비둘기 모이를 주지 마세요"라고 쓰인 현수막을 본 적이 있습니다. 그렇게만 쓰면 모이를 주는 사람의 입장에서는 '내가 좋아서 내 돈 주고 먹이를 사다 주는데 왜 못하게 해?' 하고 반발심만 들겠죠. 왜 그래야 하는지 이유를 달아준다면 타깃의 마음을 움직일 수 있습니다. 이유는 비둘기의 자생력을 키워주기 위해서라네요. 꼭 비둘기가 아니라도 야생에 사는 모든 동물이 인간이 주는 먹이에 익숙해지면 자생력이 사라져 결국 위험한 상황에 처하게 됩니다. 비둘기 모이를 주지 마세요, 자생력을 키워주세요라고 하면 훨씬 설득력이 높아집니다.

언젠가 어느 빌딩 화장실에 들렀다가 깜짝 놀란 적이 있습니다. 손을 세 번만 털어주세요, 한 장이면 충분합니다!라는 한 줄이 휴지함에 붙어 있었거든요. 보통은 "지구를 위해 한 장만 쓰세요", "환경을 위해 제발 한 장만!" 같은 식상하고 힘없는 한 줄이 붙기 쉬운데 말입니다. 한 장만 써도 되는 충분한 이유이면서 방법까지 제시해주는 획기적인 한 줄입니다. 이런 한 줄은 전문 카피라이터도 쉽게 쓰지 못합니다. 보통은 '환경'이라는 콘셉트에서 벗어나지 못하거든요. 그것을 좀 더 임팩트 있고 아이디어 있게 보여줄 수 있을 뿐, 각을 달리 하기는 어렵습니다. 경험이 없고 관찰력이 없으니까요. 이 한 줄을 쓴 분은 어떻게 하면 낭비되는 휴지를 줄일 수 있는지를 깊이 생각했을 겁니다. 화장실 청소하시는 분이 바닥에 떨어지는 물을 닦아야 할 수도 있겠지만요. 빌딩 관리 차원에서 만든 한 줄이라면 바닥에 떨어진 물을 어떻게 할 것인지에 대해 청소하시는 분들과 소통해야 하겠죠. 모두가 만족하는 한 줄은 이래서 어렵습니다.

요즘 새롭게 부각되는 문제 중 하나가 '1회용 플라스틱 컵'의 분리배

출입니다(이제는 분리수거보다 플라스틱 컵 자체를 줄여야 하는 상황입니다). 주로 테이크아웃 커피를 담는 컵 말입니다. 이게 빨대, 뚜껑, 컵이 각기 다른 재질의 플라스틱인 경우가 많아 재활용업체 입장에서는 분리된 상태로 받는게 좋다고 합니다. 다만 시민 개개인에게 부탁하긴 현실적으로 어렵죠. 분류할 시스템도 갖춰져 있지 않기 때문에 1회용 컵을 플라스틱 분리수거함에 넣지 말고 일반쓰레기 함에 넣어달라고 하는 거고요. 서울시 차원에서는 커피 매장 쪽에만 분리수거를 요청한다고 합니다. 당연히 강제성은 없고요. 이걸 요청하는 한 줄을 만드는 데 막연히 "환경을 위해 분리해주세요", "1회용 컵 분리배출, 함께 실천해요" 정도의 한 줄로 간다면? 그럴싸한 이유도 이렇다 할 혜택도 없는데 누가 흔쾌히 실천하겠습니까?

그래서 왼쪽 안을 1회용 컵을 분리배출해야 하는 이유와 함께 누가 대상인지를 분명히 밝히는 방향으로 수정했습니다. 그리고 그것만으로는 관심을 끌기 부족하기 때문에 '분리'를 '연인의 이별'을 연상시키는 스토리텔링을 반영하여 우리 서로 헤어지게 해주세요!라는 한 줄로 최종 완성했습니다.

걸리게
하라

　물 흐르듯 매끄럽게 읽히는 한 줄보다, 읽다가 뭔가 걸리는 한 줄이 사람들의 관심을 더 받기도 합니다. 서울시립대학의 쉽지 말아라, 대학 기아자동차 오피러스의 당신을 감탄합니다가 이런 예입니다. 익숙한 문장 구조가 아니니 눈과 귀에 걸릴 수밖에 없습니다. 평범한 한 줄이라면 어땠을까요? "대학은 어려워야 합니다", "당신이 감탄스럽습니다" 정도겠지요.

　다만 이 방법은 남용하면 안 됩니다. 눈과 귀에 걸리는 것과 그냥 덜커덩거리는 것은 다릅니다. 어설픈 티가 나면 안 되며, 대표하는 한 줄에만 쓰고 본문 같은 세부적인 글에서는 쓰지 않는 게 좋습니다.

내 얘기다
쉽게 하라

사람을 찾습니다.

운동을 해야지, 해야지 하는데 오늘도 안 하고 계신 분

의자에 앉았을 때 배가 접히시는 분

회기역 계단을 올라갈 때 숨차시는 분

문득 거울을 보고 예전 생각이 나는 분

헬스장에서 15일을 못 넘기신 분

직장에서 열 받게 하는데 스트레스 못 푸는 분 (정재광 복싱클럽)

일반인이 썼다고 하기엔 믿기 어려울 만큼 엄청난 내공의 한 줄입니다. 다이어트, 스트레스 및 운동부족 해소를 위해 열심히 운동하자는 메시지입니다. 표현하는 방법에서 '내 얘기다' 쉽게 하는 매력이 있습니다. 특히 넷째 줄 "회기역 계단을 올라갈 때 숨차시는 분"은 거의 옴짝달싹 못하게 타깃을 붙들어매네요. 이게 회기역에서 출발하는 마을버스에 붙

어 있는 한 줄들이거든요. 타깃의 동선까지 생각하고 반영한 거죠.

다음처럼 뻔하게 쓰면 남 얘기가 됩니다.

사람을 찾습니다.

운동을 안 하는 분

의자에 앉기 힘든 분

계단 올라가기 힘든 분

예전에 몸짱, 지금은 몸꽝이신 분

헬스장을 다니다 만 분

스트레스 받는 분

공급자 입장이 아니라 수용자 입장에서 그들을 대변해주거나 그들의 속을 뻥 뚫어주는 한 줄을 만드는 것도 중요합니다. "열정을 가지면 다 됩니다"가 공급자나 기득권의 입장이라면 열정 같은 소리 하고 있네는 수용자이자 평범한 소시민의 입장입니다. "청년 여러분, 힘 내세요"가 전자라면 청년에게 힘내라는 말 대신 힘을 주세요는 후자입니다. 한 줄의 아이디어를 내기 전 '누구에게 어떤 말을 전할까'도 물론 중요하지만 '그들이 듣고 싶어하는 말은 무엇일까'를 더 중요하게 생각해야 합니다. '내' 얘기와 '남' 얘기, '내' 얘기와 '꼰대' 얘기는 하늘과 땅 차이입니다.

다시 '한 줄'이란?

지금까지 이 책에서 말한 '한 줄'은 무엇을 의미할까요? 형태적으로는 '하나의 문장'을 주로 다루었습니다. '문장'은 '생각 혹은 감정을 말과 글로 표현할 때 완결된 내용을 나타내는 최소의 단위'입니다. 반드시 주어와 서술어로 구성되지 않아도 의미만 전달할 수 있다면 그것도 '문장'에 속합니다. 곧 하나의 단어도 이 책에서는 한 줄의 범위에 넣었습니다. 예를 들면 '쉿!' 같은 하나의 단어도 '한 줄'로 다뤘습니다.

이 책에서 추구하는 한 줄의 길이는 프롤로그에서도 밝혔듯 가급적 '짧은 문장'입니다. 무엇이 짧은 문장인가에 대한 기준은 사람과 상황에 따라 다르기 때문에 글자 수까지 규정하기는 어렵습니다. 제가 '가급적' 이란 표현을 쓴 이유입니다. 보기엔 짧은 문장인데 읽기엔 길거나 복잡하게 느껴지는 경우가 있고, 긴 문장인데 전혀 길지 않게 느껴지면서 쏙 들어오는 경우도 있습니다. '눈에 보이는 길이'와 '마음에서 느끼는 길이'를 함께 고려하여 '짧게 느껴지는' 문장 만들기를 목표로 했습니다.

어떤 메시지를 누군가에게 강력하면서도 정확하게 전달하려면 '하나의 한 줄'만으로는 부족한 경우가 많습니다. 책 제목이나 신문기사 헤드라인에 부제가 붙는 걸 생각해보면 됩니다. 이 책에서는 하나의 문장은 물론 한 줄+한 줄의 조합도 다루었습니다. '대표하는 한 줄'과 '보조하는 한 줄'의 예로 생각하면 됩니다. 다만 세 개 이상의 문장 조합은 복잡해짐은 물론 '주어진 짧은 시간을 활용하여 짧고 임팩트 있게 전달한다'는 이 책의 취지와도 맞지 않아 제외했습니다.

이 책에서 다룬 한 줄은 소설이나 시 등 문학에서 쓰이는 한 줄과는 다릅니다. '좋은 작품 감상', '마음의 양식이 되는 한 줄'의 차원이 아니라 사람의 인식과 행동을 바꾸거나 의도한 대로 유도하는 '설득·공감 커뮤니케이션'의 한 줄에 가깝습니다. 마케팅, 홍보, PR, 강의는 물론 일대일 커뮤니케이션 등 다양한 상황에서 유용하게 쓸 수 있는 한 줄 만들기를 목표로 삼았습니다. 수많은 책들 중 시선을 잡아끄는 책 제목, 상사로부터 OK를 받아내는 보고서의 핵심 키워드, 소비자의 구매 욕구를 자극하는 광고 문구, 제품 혹은 브랜드의 속성을 재치 있게 표현하는 네이밍 등에 이르기까지 광범위하게 소개했습니다.

이 책에는 민간은 물론 공공의 사례도 다양하게 등장합니다. 민간과 공공에서 모두 일해본 경험과 노하우를 반영한 것입니다. 누군가를 설득하거나 공감하게 하고 좋은 관계를 만들어가야 하는 미션은 공공과 민간이 크게 다르지 않습니다. 특히 '제품 판매'보다 '사회 공헌'이 기업의 중요한 화두로 떠오르면서 사회 공헌을 목적으로 하는 공공과의 간극이 더 줄어들었습니다. 민간에게 늘 배워야 하고 뒤따라가기도 벅찼던 예전에 비해 공공의 커뮤니케이션 수준 또한 상당히 높아졌습니다. 이제 서로 배우고 협력해야 합니다. '한 줄'도 마찬가지입니다.

지금까지 다뤄온 많은 솔루션과 가이드라인보다 상위에 있어야 하는 원칙은 무엇일까요? '누구의 입장에서 한 줄을 쓰는가'입니다. 내가 하고 싶은 이야기보다 상대가 듣고 싶어하는 이야기를 하려는 마음이 중요합니다. 마음이 바뀌어야 발상이 바뀌고 한 줄도 바뀝니다. 다른 사람들이 평소 어떤 생각, 어떤 행동을 하는지를 잘 포착해내는 관찰력 또한 중요합니다. 결국 사람입니다. 그래야 비로소 앞에서 제시한 어떤 솔루션이든 시너지를 더할 수 있게 됩니다. 이 책이 여러분의 한 줄에 곁에 있는 친구처럼, 뒤에서 응원하는 가족처럼 따뜻한 힘이 될 수 있기를 기원합니다.

김건호